KURT TUCHOLSKY

POLITISCHE BRIEFE

ZUSAMMENGESTELLT
VON
FRITZ J. RADDATZ

ROWOHLT

Die Briefe der vorliegenden Ausgabe wurden dem im Rowohlt Verlag
erschienenen Band «Ausgewählte Briefe 1913–1935» entnommen
Umschlagentwurf Werner Rebhuhn

1.–25. Tausend   August 1969
26.–31. Tausend September 1971
32.–36. Tausend   Juni 1973

Veröffentlicht im Rowohlt Taschenbuch Verlag GmbH,
Reinbek bei Hamburg, August 1969
© Rowohlt Taschenbuch Verlag GmbH, Reinbek bei Hamburg, 1969
Alle Rechte, auch die des auszugsweisen Nachdrucks,
der fotomechanischen Wiedergabe, der Übersetzung
und des öffentlichen Vortrags, vorbehalten
Gesamtherstellung Clausen & Bosse, Leck/Schleswig
Printed in Germany
ISBN 3 499 11183 7

AN WALTER HASENCLEVER

Le Vésinet, 28 Avenue des Pages   28–2–26

Liebe junge Generation,
Ihr wertes Drama gelesen und höchst interessant gefunden. Da Sie
kein Esel, sondern keiner, möchte mich gern einmal mit Ihnen darüber
unterhalten. Lassen Sie es mir noch ein bißchen, ja? – ich will daran
allerhand höchst kuriose, aber lehrreiche Bemerkungen knüpfen, indem ich über vieles tatol anderer Ansicht bin. Was Ihnen schnurz sein
kann. Gedenfalls ist es was, und beglückwünsche ich Ihnen dazu.
    Ich habe Herrn Dompropst Reber und Frau Dompropst gebeten, am
14. Sonntags eine Tasse Kaffe zu trinken, und zwar hierorts. Was halten Sie davon? Sind Sie da noch da? Wenn ja, komm man her. Mit
den Auto fahrstu im Gachten spazieren, da brauch ich ihm nicht zu
pflügen. Reber soll sein Kind mitbringen, das fahren wir dann tot.
    Champs-Elysées wird gemacht. Danke schön.
    Habe Ihren werten Kopf in der verdammten Judenzeitschrift
«Berliner Illustrirte» gesehen. Was haben Sie denn dafor jejehm?
Aber so wirds gemacht. Unsereiner, der Verfasser von «Geschichte
des Christentums in den westlichen Berliner Vororten» (3 Bände)
verreckt inzwischen ungekannt und ungenannt. Aber so ist es im
Lehm.
    Alleschönste Grüße

                                                    von Ihrem lieben
                                                    Tucho

Hier unten kannste noch Tantièmen berechnen.

             Einnahmen   *Ausgaben*

                        Außenstände

             Soll   *Haben*

                    Mecht gehabt haben

5

Sehr verehrtes gnädiges Frollein,
Sie, als Schwester des verstorbenen Hasenclever, sind mir immer
willkommen, und ich freue mich mächtig, Sie Sonnabend zu sehen.
Der Selige war ein Aast. Ich habe ihm etwa 300mal geschrieben
– aber wenn ihm was nicht paßt, tut er sich dicke mit Swedenborg,
dem Erfinder der Streichhölzer, und sagt: «Ja!» sagt er, «morgen
nachmittag habe ich nicht kommen können – da habe ich Visionen.»
Er hat aber gar keine Visionen, sondern 1 Vogel.

Daß er Sie seine Korrespondenz auf so eigentümliche Art erledigen
läßt, ist auf intensiven Verkehr mit Unruh und Viktor Hahn zurückzuführen.

Ich persönlich bin mit demselben fertig – ob er hierorts Kafffe bekommt, ist mehr als fraglich. Auch soll er mir das Haus nicht umfah-
ren. Tantièmen sind mitzubringen.

Herzlichst Ihr

tiefgekränkter
Tucholsky

P. S. Ich warne, ihm irgend etwas auf meinen Namen zu borgen, da
für nichts aufkomme.

Berlin W 57   Datum des Poststempels

Fräulein
Marquita Hasenclever
Paris

Sehr geehrtes Fräulein,
wir hören soeben vom Abscheiden Ihres Herren Bruders und erlauben wir uns, Ihnen zu demselben unser ganz ergebenstes Beileid auszusprechen.

Wenn wir uns gestatten, Sie in Ihrem tiefen Schmerze mit Geschäften zu behelligen, so geschieht das lediglich in *Ihrem* werten Interesse. Und zwar gestatten wir uns, Ihre gefl. Aufmerksamkeit auf
unsere Firma

Literaria Mors
ergebenst hinzulenken.

Wir berechnen billigste Preise und führen wir Begräbnisse von Li-
terasten in drei Qualitäten aus.

1.) *Einfache Ausführung*. Die Leiche geht selbst nach dem Friedhof, Leichenwagen mit schlichten jüdischen Emblemen geschmückt, im Leichenzuge bemerkte man u. a. Rehfisch (doch kann dies bei sofortiger Barzahlung vermieden werden). An Musikstücken wird durch ein Sterndampferorchester ergreifende Weisen gespielt. Nur Pferdedroschken; am Grabe spricht Piscator über die Inszenierung seines nächsten Stücks. Dumpfe Trauerglocken 5.80 – Aufschlag.

2.) *Mittlere Ausführung*. Leiche prunkvoll aufgebahrt, und zwar so, daß die Züge des Verblichenen ein intelligentes Aussehen zeigen (Original-Patent). Sehr viele Autos; prima Damen der Gesellschaft tupfen sich diskret die Augen aus; man hört unter ihnen murmeln: «Von mir hat er das jedenfalls nicht!» Allererste Kritiker im Frack; Blasorchester der Vereinigten Geldgeber der Reinhardt-Bühnen (Trauermarsch: «Wir werden Ihnen was blasen!») – Kerr und Ihering sinken sich an dem Grabe gerührt in die Arme. (Original-Patent.) ff. Leonhard-Aphorismus bei der Leichenfeier.

3.) *Feine Ausführung*. Hohenzollernwetter. Leiche langt im allerletzten Augenblick im Flugzeug von Paris an, was sich am Geruch schon vorher bemerkbar macht. Auf dem Wege zum Friedhof zerreißen sich achtundsechzig Jungfrauen ihre Gewänder (die Gestellung der Jungfrauen wird von der Kinderklinik der Charité übernommen). Geistige aller drei Konfektionen sprechen durcheinander: Orschester: 23. Inf. Reg. z. Pferd. Der Adjutant Hindenburgs legt einen Kranz nieder und wirft drei Armvoll Erde nach. Kranzinschrift: Komm wieder! – Schauringen des Pinneberger Kriegervereins mit drei Salven! Die Teilnahme von Ernst Deutsch kann nicht in Aussicht gestellt werden, da ein neuer Schub Damen aus Amerika in Berlin angekündigt wird.

Wir ziehen Ihre werte Aufmerksamkeit auf unser gefl. Unternehmen und werden uns erlauben, noch vor der Verwesung Ihres von uns so sehr betrauerten Herrn Bruders Ihnen unsern Vertreter, Herrn Kaplan Pinkussohn, ins Haus zu schicken.

Mit deutschem Leichengruß
Literaria Mors
pp Jonas Hode

Sehr geehrter Herr,
frage mich seit Jahren, wie daß Sie es machen pour joindre les deux
bouts. (Das wird nun Leonhard für eine Schweinerei halten – es ist
aber keine, erklären Sie es ihm.) Frage mich, wie daß Sie es zuwege
bringen:

    1 Auto
    1 tschicke Tschwester (kost nich billich)
    5 - 6 Abendmaitressen, darunter 1 für Männer mit Prothesen
    2 Lustknäben
    1 Leonhard
    1 Appartemah
    1 Reise nach Longdong
    usw usw

Jetzt aber weiß ich, wie daß Sie es machen.
Sie verkaufen schuckssessive unsern Columbus. Zum Beispiel an das
«Tagebuch»:
Sollten Sie in der nächsten Zeit – wie es der Zufall so mit sich
bringt – eine Zeitschrift *ohne* Klumbumbum sehen, so haben Sie doch
die Freundlichkeit, mir das wertvolle Stück zu übersenden.
Ich bin mit der Ihnen gebührenden Achtung

mit doitschem Gruß
Horst Preßsack
Brauereilehrling
und Mitglied des Schwarzen Fußes

Deutsche, denkt an Südtoril!
Das gute Riebeck-Bier.

Verehrter Korsar und Heyrathsschwindler,
Dank für Ihren werten Schrieb aus Emörreka. Wenn es noch eines
Zusatzes bedurft hätte, daß Sie meinem werten Herzen näher rückten
(Konjunktiv), so ist es die Tatsache, daß Sie diese Kerle dadrüben
daneben schätzen. Ach – tut mir das wohl! Ich sah schon manchen
enden, der kam zerrick und hatte vergessen, wie man europäisch
spricht und sah uns alle gar verächtlich an und hatte es mit der
«Neuen Welt» . . .
Amen.

Ich hoffe und erwarte (wie unser Felllll im Kriege in einer Silbe zu sagen pflegte), daß Sie viele, viele $ $ $ mitgebracht haben.

Amen.

Daß es Ihnen juckt, ich meine, mit dem Klumbumbus, das kann ich verstehen. Hier ist es nun inzwischen so:

Da Sie doch mit Scheintode abgegangen waren und es ganz ungewiß war, was mit Ihnen ist und ob und wann je Sie zurückkommen, so habe ich mich – bisher ohne nähere Bindung – mit einem Theatermann in ein unzüchtiges Verhältnis-eingelassen. (Übrigens: nicht Rehfisch, überhaupt nichts aus diesem Lager.) Besprungen hat er mich noch nicht; während ich dieses schreibe, räucht es aus vollen berliner Hosen bis hierher, niemand weiß, was da wird – Sie kommen in einem ulkigen Zeitpunkt retuhr – und daher ist diese Sache vorläufig nur Projekt. Wenn Sie nun da sind, wollen wir mal sehen. Ich hatte mit dem Mann für Anfang November etwas verabredet – er soll geschickt sein. Mir ist Theater zum Kotzen schlechthin – also was das wird, weiß ich nicht.

Ich selbst habe mich in allerlei Arbeiten gefangen, da sitze ich nun und schaffe Menschen nach seinem Ebenbilde, und so sind sie denn auch. [. . .]

Lieber Klever, Gott sey etwas mit Ihnen! ich sitze in der schwedischen Einöde, woselbst es mir herrlich gefällt. Sie sollten, auch wenn wir gar nichts zusammen (literarisch) machten, mal hierher kommen, damit wir uns wieder ordentlich ausquatschen können. Es hat sich viel angesammelt. Wo ist denn der Dauersprecher Leonhard abgeblieben . . .? Ich seh ihn noch immer bei Sieburgn, roten Kopfes, im Zimmer umherrollen und erzählen, wie er es so zu treiben pflegt. Er hielt sich an einer Zigarre fest und schmeckte es alles nach. Das war recht schön.

Indem von Ihnen erhoffe, was immer erhofft habe, daß Ihren lb. Eltern viel Pfreude machen und auch 1 - 2 Kinder,

> verbleibe
> mit der Ihnen gebührenden. –
> (gez.) Tucho
> Pazifist der Res.
> Inhaber des eisernen Davidsterns sowie
> des silbernen Grundeises

Amen.

Lieber Max,
Diesen Brief diktiere ich, weil ich eine kleine Mittelohrentzündung eingelegt habe, und sie ist noch nicht ganz vorbei.

Anbei die für Sie eingelaufenen Papiere. Ich glaube, daß ich Ihnen alles brav mitgeteilt habe, mit Ausnahme des letzten vom 13. Februar. Der vom 9. Februar ist für Sie zu beantworten.

Ich freue mich sehr für Sie, lieber Max, daß Sie noch beizeiten aus dem Affenstall herausgekommen sind, und ich wünsche Ihnen für Frankreich alles Gute. Lieber Freund, ich fürchte, jetzt kommen die sieben magern Kühe und wir werden an ihren Brüsten liegen müssen und das Gift der Drachenmilch in den Zahn der Zeit beißen. In meinem Ohr rauscht es viel zu sehr, als daß ich Ihnen den fälligen politischen Leitartikel schreiben könnte. Sie wissen ja selbst, was los ist. Die in Deutschland wissens zum Teil noch nicht. Noch am Laternenpfahl zappelnd sind alle stinknational und passen Sie auf: nach den sehr bösen Monaten, die nun kommen werden (Standrecht, ein bis zwei Todesurteile, sinnloser und unterdrückter Putschversuch von Arbeitern, noch ein oder zwei «Reichstagsbrände») wird Totenstille eintreten. L'Ordre règne à Varsovie. Und dann wird sich die Klammer im Laufe der Jahre langsam lockern, und dann wird das Schlimmste vom Schlimmen kommen: «Ich weiß gar nicht was Sie wollen, so schlimm ist es doch gar nicht!» Und dann wird die Tatsache, daß ihre Rassegenossen nicht vom Trottoir heruntermüssen, wenn ich vorbeireite, als Liberalismus gelten. (diktiert, als ich noch keine Details wußte)

Lieber Max, an was arbeiten Sie jetzt heran? Wo gehn Sie hin? Was macht der sausende Webstuhl der Zeit? Haben Sie an der Stühlin gewoben? Lieber Max! ich bin hier bei Freunden zu Gaste, und daher ist es billiger als in Paris, auch kann ich in meinem jetzigen Zustand nicht unter Leute gehen. Aber das wird sich in 4–5 Jahren sicher ändern.

Lieber Max, schreiben Sie mir mal, ich will es auch tun, und bis daher verbleibe ich als Ihr sehr lieber

> nein – lieber Freund, nicht mal
> im Spaß mag ich den Vornamen
> Walter schreiben:
> Tucho

Lieber Max,
schönen Dank für Ihre beiden Schreiben vom 28. 2. und vom 2. 3. Entschuldigen Sie meinen letzthinnigen diktierten, ich war ganz herunter und hatte solche Ohrenschmerzen, daher war er so unpersönlich. Item:
Krankheit geht so, Dank der Nachfrage. Ich mache noch eine Inhalationskur, die besonders billig ist, man muß sehr viel Geduld haben. Nochmals, gehe ich so, schwach und schwer gehandicapt, unter Leute, dann mache ich mir alles kaputt. Lieber abwarten, anderswo wachsen jetzt auch keine goldenen Blümlein. Ich hoffe aber doch sehr, daß wir uns denn doch einmal in Mitteleuropa in die Arme sinken werden. Ich habe nicht genau lesen können, wohin Sie nach Paris gehn. Südfrankreich? Mentone? / Natürlich ist die Schweiz *kein* erfreuliches Land. Die Ostschweizer sind wie die Boches, sehr hochmütig, ekelhaft saturiert, grauslich. /
Jetzt muß ich aber vor Rührung einen Absatz machen.
Lieber Max, daß Sie mir da Ihre Hilfe in dieser schweren Zeit anbieten, hat mich auf das tiefste gepackt. Es wird nicht erforderlich sein, daß ich sie annehme – aber daß Sie es überhaupt tun, das werde ich Ihnen nicht vergessen. Händedruck, alter Bursche.
Das Haus in Schweden habe ich noch, ich will auch, wenn auch nur leise hergestellt, zurück und da arbeiten. «*Weltbühne*» . . . da ist die Frau J. in Wien, berät, ob Wien oder Zürich. Hierzu wie zur ganzen Lage:
Ich glaube nach wie vor nicht an extrem blutige Sachen in Deutschland. Es kann aufflackernde kommunistische Putsche geben, die werden blutig unterdrückt, 80 Tote, und 80 nutzlose Tote. Dann aber Totenstille. Dann setzt etwas viel, viel Schlimmeres ein: nach dem Spiel «Das dürfen die Leute ja gar nicht!» kommt das Spiel: «Ich weiß gar nicht, was Sie wollen – so schlimm ist es nun auch wieder nicht!» Das möchte ich nicht mitspielen, und ich werde es nicht mitspielen.
An einer etwa einsetzenden deutschen Emigrationsliteratur sollte man sich unter keinen Umständen beteiligen. Lieber Max, erstens wird es keine große Emigration geben, weil, anders wie damals bei der russischen, 1917, Europa nicht aufnahmefähig für solche Leute ist. Sie verhungern. Zweitens zerfallen sie, wie jede Emigration, und nun noch deutsche, in 676 kleine Grüppchen, die sich untereinander viel mehr bekämpfen werden als etwa alle zusammen Adofn (dem wir das *L* nun endgültig wegnehmen wollen, wir brauchen es ja für Eckner, Hei Adof!). Drittens sollte man es nicht tun, weil es den Charakter verdirbt, man bekommt Falten um die Mundwinkel und wird, bei allem Respekt, eine leicht komische Figur. Lieber Freund, ich kann das nicht vergessen, wie

damals im Salon der Frau Ménard-Dorian das ganze durchgefallene Europa da war: der unsägliche Kerenski, Nitti, Karolyi, die Italiener – und alle hatten recht, nur leider eben bloß im Salon. Und da fragte jemand den Nitti: «Qu'est-ce que vous faites à Paris, Monsieur Nitti?» – Und da sagte der, und der Satz ist mir als Lehre eingebrannt: «J'attends.» Und wenn er nicht gestorben ist, dann wartet er heute noch. Und das wollen wir nicht mitmachen.

Ich brauche Ihnen nicht zu sagen, lieber Max, daß ich nicht inzwischen die «aufbauwilligen Kräfte im Nationalsozialismus» entdeckt habe. Ich werde nie einen Finger breit abgehn. Aber ich muß nicht meine Kraft und meine Arbeit an eine Sache setzen, die mir nicht einmal in der Negation wert ist, mich nach ihr herumzudrehn. Ich habe dazu kaum noch Beziehungen; es ist möglich, daß ich nichts mehr zu fressen habe, aber daß ich mich mit den Konvulsionen von Kru-Negern abgeben soll, also ich nicht. Die Leute wollen das ja so, im Grunde. Die letzte Tat des Reichsbanners ist ein Werbemarsch für den Wehrsport gewesen, die SPD versichert heute noch, sie sei doch aber patriotisch und ruhrkämpferisch, fast alle erkennen die von Adof gesetzten Kategorien an und streiten sich nur um ihre Einordnung, niemand hat den Mut zu sagen: Der Wert eines Menschen hängt nicht von seinem Soldbuch ab. Und damit soll ich mich befassen? Nein, lieber Herr. Mich geht das nichts an, nur eben als Zeichen der Zeit, in der wir ja leben. Aber sonst – ohne mich.

Vorgestern haben wir hier einen Radio installiert und Adof gehört. Lieber Max, das war sehr merkwürdig. Also erst Göring, ein böses, altes blutrünstiges Weib, das kreischte und die Leute richtig zum Mord aufstachelte. Sehr erschreckend und ekelhaft. Dann Göbbeles mit den loichtenden Augen, der zum Vollik sprach, dann Heil und Gebrüll, Kommandos und Musik, riesige Pause, der Führer hat das Wort. Immerhin, da sollte nun also der sprechen, welcher . . . ich ging ein paar Meter vom Apparat weg und ich gestehe, ich hörte mit dem ganzen Körper hin. Und dann geschah etwas sehr Merkwürdiges.

Dann war nämlich gar nichts. Die Stimme ist nicht gar so unsympathisch wie man denken sollte – sie riecht nur etwas nach Hosenboden, nach Mann, unappetitlich, aber sonst gehts. Manchmal überbrüllt er sich, dann kotzt er. Aber sonst: nichts, nichts, nichts. Keine Spannung, keine Höhepunkte, er packt mich nicht, ich bin doch schließlich viel zu sehr Artist, um nicht noch selbst in solchem Burschen das Künstlerische zu bewundern, wenn es da wäre. Nichts. Kein Humor, keine Wärme, kein Feuer, nichts. Er sagt auch nichts als die dümmsten Banalitäten, Konklusionen, die gar keine sind – nichts.

Ceterum censeo: ich habe damit nichts zu tun.

Marginalie: Ossietzky unbegreiflich. Man hat mir erzählt, daß man ihm seinen Paß nach Tegel gar nicht wiedergegeben habe. Ob das wahr ist, weiß ich nicht – er schreibt ja keine Briefe. Dieser ausgezeichnete Stilist, dieser in der Zivilcourage unübertroffene Mann, hat eine merkwürdig lethargische Art, die ich nicht verstanden habe, und die ihn wohl auch vielen Leuten, die ihn bewundern, entfremdet. Es ist sehr schade um ihn. Denn dieses Opfer ist völlig sinnlos. Mir hat das mein Instinkt immer gesagt: Märtyrer ohne Wirkung, das ist etwas Sinnloses. Ich glaube keinesfalls, daß sie ihm etwas tun, er ist in der Haft eher sicherer als draußen. Nur bei einem wenn auch mißglückten Attentat auf Adof kann etwas passieren, dann würde die SA die Gefängnisse stürmen und von den Wärtern an nichts gehindert werden. Sonst aber kommt er nach zwei, drei Wochen, denke ich, heraus. (Wenn nicht Konzentrationslager gemacht werden!)

Kurz: ich lebe in keinerlei Panik. Und mein Pessimismus setzt genau da ein, wo der der andern aufhört, etwa zu dem Zeitpunkt, wo das Zentrum mitmacht. «Es wird ihnen die Kanten abschleifen!» sagen die falschen Propheten. An Schmarrn. Dann, erst dann, ist diese neue Herrschaft ganz totensicher fundiert, dann ist gar nichts mehr zu machen. Und wer wird und soll etwas machen? Man kann für eine Majorität kämpfen, die von einer tyrannischen Minorität unterdrückt wird. Man kann aber nicht einem Volk das Gegenteil von dem predigen, was es in seiner Mehrheit will (auch die Juden). Viele sind nur gegen die Methoden Hitlers, nicht gegen den Kern seiner «Lehre». Und wenn es die Opposition nicht von innen her geschafft hat, so werden wir es nie schaffen, wenn in Paris ein paar Käsblätter erscheinen. Ich werde das nicht mitmachen.

Ceterum censeo: Ihr Hindenburggeburtstags-Artikel sollte von den Kanzeln verlesen werden.

Lieber Max, hoffentlich lassen sie Rutchen heraus, er ist so schön und dick, und wir wollen ihn noch ins Krematorium tragen, wenn er tot ist, und dann trinken wir mit der Leiche einen Apéritif.

Hallo, lieber Max, das ist ein langer Brief geworden. Nie wieder Korreschpondanx. Kommt noch solche nach Hindås? Ich habe inzwischen nichts bekommen. Mögen Sie –!

[. . .] lesen Sie auf alle Fälle «*Voyage au Bout de la Nuit*». Es lohnt sich.

In Treue fest

Ihr alter Mitkolumbus
Edgar, formalz Adof.
Verfasser broschierter und gebundener Werke.
Ehemal. Mitglied der deutschen Republik
aufgehörter Dichter

Böse Enttäuschungen werden wir nun an unsern berliner Freunden erleben. Es wird *sehr* übel werden.

5-3-33

Lieber Max,
Coda zu meinem letzten Brief: bitte grüßen Sie Mehring recht herzlich. Sein Gedicht vom Großen Krebs war eine merveille. Das ist ein begabter Hund.

Der erste Brief aus Berlin ist da, des Inhalts: «. . . möchte dich bitten, mir nicht auf Weltbühnenpapier zu schreiben, damit die Leute sehn, daß unser Briefwechsel doch harmlos ist . . .» Ich kann es den Leuten nicht verdenken, verstehe alles – aber glauben Sie mir: Diktaturen verderben den Charakter.

Oui, mais si je la. . .

In Züchten Ihr
Edgar
ehem. Adof & Co.

Zürich, Florhofgasse 1   4-4-33

Lieber Max,
Dank für die Kachte – aus welcher entnommen, daß glücklich an dem blauen Strand der (eigentlich deutschen) Riviera angekommen.

Lieber Max, na, also da wären wir nun. Ich brauche Ihnen keine langen Leitartikel zu schreiben. . . Sie wissen ja alles. Nur ein paar Details:

Kisch ist heraus und hat u. a. in der «*Wiener Weltbühne*» einen gradezu erschütternden Bericht gegeben. Es muß furchtbar sein. Auch andere Berichte sagen dasselbe aus: Helldorf, der Jraf und Obergausaf oder so etwas, hat gewütet wie ein böses Tier, die Leute, besonders natürlich die kleineren Leute, sind entsetzlich verprügelt worden. Man hat die faschistische Rizinuskur gemacht, manche hat man gezwungen, schweißige Socken zu fressen – und andere Scherze mehr. (Diese Einzelheit steht übrigens nicht bei Kisch.) Gerlach ist hier (nur für Sie!!) – ich höre von allen Seiten, daß maßlos geprügelt und geschunden wird. Dann hinterher die Erpressungen, nichts auszusagen. Und die meisten flehen noch, man solle doch nichts sagen: man prügelt sonst Familienangehörige.

14

[. . .]

Daß die Nazis [. . .] Ewers aufgesessen sind! Ich nehme an, daß jeder anständige Autor aus dem Schutzverband heraus ist – sie haben ja ihrerseits welche «ausgeschlossen», darunter Kisch und Kerr. Das ist wohl nichts für uns.

[. . .]

Lieber Freund, ich glaube beinah, wir haben recht gehabt vierzehn Jahre lang – und die Realpolitiker vielleicht nicht ganz so recht.

Dies wünscht Ihnen in alter Bundestreue

herzlichst Ihr
Edgar

Zürich, hauptpostlagernd   11–4–33

Lieber Max,

Dank für Ihren Brief vom 7. hujus. – In diesem hier steht nichts Eiliges, Sie können ihn also an der Plahsch lesen, wenn Sie Zeit haben. Ich möchte mich auf diesem Wege nur ein bißchen mit Ihnen unterhalten.

Der Anwaltsbrief, den ich Ihnen geschickt habe, ist keine Ausnahme. Die Juden haben sich nicht nur gedemütigt, sondern sie haben . . . also man kann das mit keinem appetitlichen Bild sagen, was sie getan haben. Und nun kommt die Hauptsache: es nützt ihnen gar nichts. Das «Berliner Tageblatt» ist expropriiert – Lachmann-Mosse hätte also auch in Schönheit zu Grunde gehn können. «Ich bin stolz darauf, daß ich a Jud bin – wenn ich nicht stolz bin, bin ich auch a Jud – da bin ich schon lieber gleich stolz!» – Nichts davon.

[. . .]

Greul: natürlich laufen viele alte Waschweiber herum und übertreiben. Insbesondere ist die Sache auf ein falsches Geleis geschoben: wer protestiert eigentlich für die zahllosen, zerschlagenen und eingesperrten Arbeiter, die an die Sache geglaubt haben und die nun dafür büßen, daß sich Rußland um sie einen Dreck kümmert? Kein Mensch. Alle Welt spricht nur von Herrn Josefson. Anbei einiges Material. Vieles wird wohl wahr sein. Aus der wiener «Arbeiter-Zeitung» und der prager Presse geht hervor, daß Arbeiter systematisch geprügelt worden sind – es war also alles darauf eingerichtet: Prügelzimmer, Prozedur, zum Schluß schriftliche Erklärung: «Die Behandlung war gut.» Dann haben sie manchem dieser armen Luder noch eine Mark für Verpflegung abgezogen.

Was nun kommt, wird entsetzlich. Nämlich keine Greultaten. Es wäre viel besser gewesen, man hätte die 600 000 Juden exmittiert, das

15

wäre klar und rein gewesen. Nun wird es schrecklich. Diktatur des Mittelstandes: halb vernünftige Maßregeln, wie Kampf gegen das römische Recht, ganz sinnlos durchgeführt, alles affektüberbetont, ganz grauenhaft. Daß unsere Welt in Deutschland zu existieren aufgehört hat, brauche ich Ihnen wohl nicht zu sagen. Und daher:

Werde ich erst amal das Maul halten. Gegen einen Ozean pfeift man nicht an. Die «Weltbühne» erscheint, und zwar unter dem Titel «Die neue Weltbühne» in Prag. Das «Tagebuch» soll dort auch erscheinen. Die tschechische Regierung hat an diesen Blättern zur Zeit Interesse – sie bilden ein Gegengewicht gegen die Hitlerpropaganda unter den Sudetendeutschen. Gut. Aber zunächst können also diese Blätter von ihrem Pazifismus gar keinen Gebrauch machen, wenn es sich um tschechische Sachen handelt, und es gibt da allerhand. Das wäre noch erträglich. Wieweit da finanzielle Bindungen bestehen, weiß ich nicht. Noch bestehen sie wahrscheinlich nicht, aber dazu wird es kommen, und dann ist es aus. Auch gefällt mir die Atmosphäre nicht. Ich kann mir nicht denken, daß aus dieser Luft heraus irgend etwas Internationales kommen kann; das ist eine Empfindungssache, aber ich glaube das nicht. Dazu kommt, daß die WB mit einer Kapitalrente überladen ist, die ich für viel zu hoch halte – Sie wissen vielleicht, wie das da geht. Dazu kommt, daß ich diese Glossenform für etwas völlig Überholtes halte. Die «Tat», die falsche Prognosen hat und überhaupt lächerlich ist in vielem, hat doch einen ganz andern Anstrich (20 000 Auflage) – da finden sich lange und gut fundierte Aufsätze, gearbeitet, nicht bloß im Affekt hingenuddelt. Das will man heute lesen. Dazu kommt, daß die kleine Glosse einer einflußlosen Gruppe, die gar keine Aussicht hat, jemals zur Macht zu kommen, sinnlos ist – sie haben es ja nicht geschafft, als sie alle Möglichkeiten hatten, wie sollen sie es denn von außen schaffen!

Daß ich so wenig wie Sie umgelernt habe, wissen Sie. Aber auf keinen Fall kann man in unserm Alter etwas Sinnloses tun, und das da wäre sinnlos. Man muß die Lage so sehn wie sie ist: unsere Sache hat verloren. Dann hat man als anständiger Mann abzutreten. Deshalb können Sie Stücke schreiben, deshalb kann ich ein Buch schreiben – aber das da ist aus. Und dieses törichte Weitergemache nur, «weil man doch leben muß» ... also je n'en vois par la nécessité. Ich habe einmal in Paris einen weißrussischen Gottesdienst mitgemacht, da kamen alle die russischen Generale in ihren alten Uniformen, es war gespenstisch. Also das nicht.

Ich plane also zunächst gar nichts. Gäbe es irgendwo eine Gruppe junger Menschen, die antifaschistisch sind, so wollte ich wohl mittun. Aber mit der alten Equipe – niemals.

[...]

Lieber Freund, uns haben sie falsch geboren.
Dafür haben wir Goebbels zum Propagandhi ernannt.
Verbleibe mit achtungsvollen Grüßen
            allemal Ihr alter
            Edgar, vormals Adof
            Verfasser der Seite 43, 6. Zeile oben
            von «Christoph Klumbumbus» oder die
            «Entdeckung des Dreimaskenverlages».
            Revolutions-Teilnehmer

                                              [ohne Datum]
Lieber Max,
schönen Dank für alles. Ich male der Reihe nach auf:
    [...]
    Gesundheit hierorts nicht gut. Darüber erst Näheres, wenn ich jemals
hochkomme.
    [...]
    Die Korrespondenz mit Deutschland ist so gut wie abgebrochen. Sie
werden beinah alle umfallen, es wird für uns sehr, sehr schwer werden.
Hierzu sowie zu dem beiliegenden Aufsatz Leonhards sowie überhaupt:
    Gegen den Aufsatz Leonhards habe ich zunächst einen Einwand: er
ist nicht wirkungsvoll. Er kracht vor Ressentiment, und das Ressentiment als Motiv soll man fast immer verstecken. Und was soll ein Franzose mit alledem anfangen? «Ein Angriff», schrieb Schopenhauer an
seinen Freund Dr. Asher, «ein Angriff, der mich nicht umwirft, stärkt
mich.» Dieser wirft nicht um. Die Anekdote aus dem Kapp-Putsch ist
gar nicht verständlich: was soll er da gemacht haben? Der Vorwurf mit
den «poules» ist eine Lächerlichkeit und völlig unmöglich. Es bleibt
zum Schluß gar nichts. Was fehlt, ist vor allem der Vorwurf gegen die
Franzosen: Wie konntet ihr! Was habt ihr aus dem Mann gemacht!
Wie konntet ihr! – [...]
Was das angekündigte Autodafé angeht, dem wir nun zum Opfer
fallen sollen, so sagt dazu der olle Goethe in «Dichtung und Wahrheit»:
    «Wir mußten Zeugen von verschiedenen Exekutionen sein, und es
ist wohl wert, zu gedenken, daß ich auch bei Verbrennung eines Buchs
gegenwärtig gewesen bin. Es war der Verlag eines französischen ko-
mischen Romans, der zwar den Staat, aber nicht Religion und Sitten
schonte. Es hatte wirklich etwas Fürchterliches, eine Strafe an einem leb-
losen Wesen ausgeübt zu sehn. Die Ballen platzten im Feuer und wurden durch Ofengabeln auseinander geschürt und mit den Flammen mehr
in Berührung gebracht. Es dauerte nicht lange, so flogen die angebrann-

17

ten Blätter in der Luft herum, und die Menge haschte begierig darnach. Auch ruhten wir nicht, bis wir ein Exemplar auftrieben, und es waren nicht wenige, die sich das verbotene Vergnügen gleichfalls zu verschaffen wußten. Ja, wenn es dem Autor um Publicität zu thun war, so hätte er selbst nicht besser dafür sorgen können.»

Mit diesem letzten Satz aber sieht das heute anders aus.

Wenn ich hier so die aufgescheuchten berliner Juden sehe, die in unbeirrbarer Stupidität die B. Z. und das Acht-Uhr-Blatt lesen, weil sie sich von dem Druckbild nicht trennen können, dabei übersehend, daß sie ihren schlimmsten Feinden noch Geld in den Rachen werfen: so habe ich immer wieder ein eigentümliches Gefühl. Nämlich dieses: die meisten Leute wissen gar nicht, was geschehn ist. Sie glauben es nicht. Sie haben alle zusammen den festen Glauben, es werde sich das alles schon wieder irgendwie arrangieren. Es gibt auch tatsächlich Juden, die freiwillig wieder nach Deutschland zurückgehn. Der ihnen innewohnende westeuropäische Geist kann es noch nicht glauben. Und wenn noch die schlimmsten Übeltaten aufhören, so werden sie sagen: «Also – so schlimm ist das ja alles gar nicht!» Sie akzeptieren also als Grundsatz und primäre Lebensbedingung, daß man den Juden, den Arbeitern und den Pazifisten den Stiefel in den Hintern tritt, und wenn das nicht geschieht, bejubeln sie das als Liberalismus und Humanität. Das ist so würdelos.

Die Konzentrationslager werden aufhören – das Spiel für uns ist aus. Ich glaube an eine Qualität Hitlers, an eine einzige: an seine Sturheit. Das hat mich noch nie getäuscht.

Gottfried Benn hat im Rundfunk einen Vortrag gehalten: die Zeit des Literaten sei vorbei, die Zeit des Führers sei gekommen – und so. Seit ich ihn einmal bei Kiepenheuer en chair et os gesehn habe, habe ich ihm nie mehr getraut. Ein Stück Weichkäse. Fällt auch morgen, wenn die Chinesen Deutschland erobern, auf die nächste andere Seite und läßt sich einen Zopf stehn.

Hans Zehrer beklagt sich in der «*Tat*», daß wir uns nicht rührten. «Egon Erwin Kisch versucht in Prag eine neue Weltbühne herauszugeben, Emil Ludwig reist durch die Welt und hält Vorträge, Herr Tucholsky wird wahrscheinlich Feuilletons schreiben. Keiner aber findet den Weg zur Überzeugung des großen: Ich klage an!» –

So siehst du aus. Wie feige und wie dumm. Wo sollten wir denn antreten – unsere Verträge sind offiziell gebrochen, Geld darf nicht heraus, meine Bücher werden, wie ich hier erfahre, nicht mehr ins Ausland ausgeliefert – es ist auf Vernichtung abgesehn. (Ich erwidere das entsprechend: ich kaufe mir kein deutsches Blatt, keine Tube Pebecco, nichts Deutsches, und es geht sehr gut. Die deutschen Blätter lese ich in einem Lesesaal, und es ginge auch ohne sie.) Also: Vernichtung. Und wen sollte man anklagen? Ein Elementarereignis? Und verteidigen?

Etwa ich mich? Den Hintern hinhalten – das vielleicht. Et encore. Ich entnehme diesem Aufsatz «*Das Ende der Links-Intelligenz*», daß sie uns vermissen. Habe ich keinen Feind, dann suche ich mir einen. «Komm, spiel mit mir!» Das fällt mir nicht ein, und Ihnen sicherlich auch nicht. Ich für mein Teil gehöre nicht mehr dazu. Aus ist aus. Ich werde nie mehr zurückfinden. Und als Herr Zehrer dieses geschrieben hatte, da verboten sie ihm seine «*Tägliche Rundschau*» bis zum 31. Mai. Übrigens ist er mit einer Jüdin verheiratet. Es muß gar nicht leicht sein in Deutschland. Neger.

Dieser Brief hat wieder keinen Schluß. Gutes Wetter! [. . .]

In Züchten Ihr
Edgar

Zürich

20–4–33
an Edgars
Geburtstag

Lieber Max,
schönen Dank für Ihren ganz besonders netten Brief vom 15. hujus. Lieber Max, ich wünsche Ihnen vor allem, daß die amerikanische Sache Sie nicht tangieren möge – das gebe Gott.

Dies voraufgeschickt, beeile ich mich, Ihnen dies und jenes zu schreiben. Ich erwarte von Ihnen nicht, daß Sie mir darauf langatmig antworten – ich freue mich, wenn ich Ihnen etwas erzählen kann, weil ich weiß, daß Sie die Kommata husten hören und die Obertöne und Untertöne ebenso fühlen wie ich. Daher kann ich mir die etwas kurze Form des Paradox hier und da erlauben – Sie wissen ja, daß nichts so scharf gemeint ist wie ich es der Kürze halber hinmale. Item:

Dank für Ihre freundlichen Worte. Ja, also ich habe ja 14 Jahre lang genügend auf den Kopf bekommen dafür – und selbst meine freundlichsten Leserinnen sagen mir hier Ähnliches wie Sie: «Wir haben doch manchmal gedacht, daß es doch etwas überreizt und übertrieben ist . . .» Ich habe diese Leute aus tiefstem Herzensgrunde gehaßt, ich habe sie gefürchtet, mir war ihr Geruch fatal, dieser Typus pinselblonder Frauen (nicht unsere netten Berlinerinnen), alles das war mir gräßlich. Ich habe aus dem Bauch geschrieben. Heute hasse ich sie nicht mehr. Ich höre, daß der kleine Goebbels, dem ich seinen Klumpfuß unter die Nase gehalten habe, sich gar nicht genug tun kann: im Radio und in den Blättern hat er es immer wieder mit mir. Ich weiß warum. Aber weder er noch seine Leute bringen mich auf – mir fallen kaum noch Witze dazu ein, so unendlich gleichgültig ist mir das alles. Aber eines, lieber Freund, will ich Ihnen sagen:

19

Mit genau derselben Unerbittlichkeit, mit genau derselben Kraft und Stärke, mit der man in Deutschland unsere gemeinsamen Freunde drillt, einsperrt, erniedrigt, sie das Horst Wessel Gebrüll singen läßt, plagt und verhungern läßt – mit genau derselben ruhigen Unerbittlichkeit lehne ich es ab, mit irgendeinem Deutschen am Tisch zu sitzen, der mir nicht ganz hasenrein ist. Da kann er nun heißen wie er mag. Sie kennen mich und haben mich in vielen Milieus beobachtet: zu meinen Fehlern gehört der nicht, im Salon politische Leitartikel aufzusagen und andere Leute mit Gewalt zu «bekehren». Aber hier hört es nun auf. Ich habe es mir zum Gesetz gemacht, keine deutsche Zeitung zu kaufen, keine deutsche Ware, mit keinem Deutschen zu verkehren, von dem ich nicht vorher genau weiß, wie er zu der Sache steht – und ich *sage* das auch ganz offen und mit Rücksichtslosigkeit in jedem Milieu. Wir sind viel zu lange still gewesen. Wer hat auf uns Rücksicht genommen? Und ich meine: grade jemand wie Sie, oder in kleinerem Maßstabe ich, wir sollten, wenn wir als *Kunden* auftreten, den Leuten unsern Willen aufzwingen. Das ist die einzige Sprache, die diese Boches verstehen. Keinen Krach, keine Ohrfeigen, keine Szenen. Sondern: «Sie sind für die Nazis –?» Stehn lassen. Nichts kaufen. Ruhig stehn lassen. Nur so. Die da müßten uns verachten, wenn wir es anders machten.

Natürlich kommt der Krieg. Nun hat der Hitler (der übrigens auf allen Bildern einen merkwürdig bedrückten Eindruck macht, so sieht kein glücklicher Mensch aus), nun hat er Pech gehabt. Vielleicht ist er in der Hand der Erpresser Göring und Goebbels, vielleicht aber schiebt er sie nur vor, um als der «Gute» zu gelten. Und so eine Legende ist in Deutschland schon im Umlauf. Er hat Pech: er hat nun zuerst mal stimmungsmäßig alles gegen sich. Davon wird ein Kern bleiben – und wir können im kleinen dafür sorgen, daß viel bleibt. Ich habe hier mancherlei gehört: die Leute seien wie gelähmt. Die Arbeitslosen *wissen*, daß er gar nichts geben kann – sie wagen das auch unter sich zu sagen –, aber sie tun nichts. Es ist alles aus. Das Positive ist seine Unbedenklichkeit: in der Frage der Zentralisierung des Reichs ... wenn Sie wüßten, wie man uns im Examen mit diesen Tiftelfragen: Reich und Länder geplagt hat! Auf einmal gibts das alles nicht mehr. Das ist achtunggebietend. Aber wirtschaftlich ist das nichts, kann das nichts sein. Er weiß nichts, woher denn? Er weiß nicht weiter, sozialisiert wird nicht. Die Spitzelei soll entsetzlich sein. Die Rechtlosigkeit der Juden vollkommen. An ausgestochene Augen habe ich nie geglaubt. Sie auch nicht. (Ein paar Morde, ja.) Aber nach den ersten Körperverletzungen («Du Sau wirst den Korridor runtergeprügelt!»), nach diesen Dingen, die sich legen und schon gelegt haben, bleibt die absolute Rechtlosigkeit von unsern Leuten: sie werden sich umbringen, verhungern, heraus dürfen sie nicht – und deshalb habe ich es satt, in Gesellschaft ein freundliches Gesicht zu ziehn und «Sehr interessant!» zu murmeln, wenn mir Herr Doktor Pitsch oder Platsch auseinandersetzt, daß er zwar nicht, jedennoch . . . Ich nicht. Dann soll er auf meine Gesellschaft verzichten. Und daß ich nochmal ein deutsches Produkt im Hause habe, ist ausgeschlossen.

[. . .]

«*Neue Weltbühne*» geht an Sie. Hm, hm, hm . . .

Ja, was sollen wir tun – Ich will immer noch gesund werden, noch habe ich es nicht aufgegeben. Damit mag ich Sie nicht langweilen. Werde ich es, kann ich mir ein episches Werk vorstellen – irgend jemand wird das drucken, irgend jemand es lesen –, eine publizistische Wirkung auf einen ganzen Volkskörper in Deutschland haben wir nicht mehr. Mitarbeit an fremden Blättern in Frankreich nur, wenn man mir erlaubt, mit voller Schärfe alles zu sagen. Und ich weiß nicht einmal, ob ich von dieser Erlaubnis Gebrauch machte. Man kann nicht schreiben, wo man nur noch verachtet.

Sie aber sollten nach einer Pause sich einen dichten – dergleichen ist nie verloren. Lieber Herr, Sie bewahren schließlich ein Stück Kultur. Ich kenne von Ihnen Zeilen oder Stücke, bei denen ich Ihnen nicht folgen kann – ich kenne von Ihnen keine Zeile, bei denen ich jenes fatale Gefühl hätte wie bei den vielen deutschen Schriftstellern. Lassen Sie das nicht verloren gehn.

Schweden ist meine Riviera – mehr nicht. Dänemark habe ich immer nicht gewollt, wegen zu nah an Deutschland. Nun haben sie den Krakeel. Ob ich in Schweden bleibe, hängt von ganz äußerlichen Dingen ab. In diesen kleinen Staaten bildet sich auch manche Front des Mittelstandes – und ich sitze in Schweden in einer besonders übeln Ecke. Es ist nicht ausgeschlossen, daß da mal etwas schief geht.

Die Herren Flüchtlinge sind stellenweise wie die kleinen Jungen, die Indianer spielen. Und sehr ungeübt in solchen Sachen – das können, wie so vieles, die Hitlerleute besser. Naiv sind unsere Leute . . .!

Die Gesinnungslosigkeit in Deutschland schreit zum Himmel. Daß Gulbransson mit umgefallen ist, wundert keinen, der seine Kriegshaltung kennt. [. . .] Im übrigen spiele ich mit jedem, der das in meiner Gegenwart lobt, das Spiel: «O pardon, ich dachte, Sie, Sie wären ein Mensch . . .!» Im Ausland kann man das. Und die paar Groschen, die wir auszugeben haben, die wollen wir unter gar keinen Umständen bei denen ausgeben, die uns, wenn sie könnten, in ein Konzentrationslager brächten. Da lauten übrigens die Berichte scheußlich. Dieser Brief hat keinen Schluß. Meine Ajehmheit auch nicht. Nur die Seite hat einen.

Herzlichst Ihr
Edgar

Lieber Max,

schönen Dank für Ihren Schrieb vom 11. d. M. Ja, so ist das:

Anbei ein Brief meines Bruders, der aus Deutschland hat fliehen müssen. Sie haben ihn, Angestellten der Stadt Berlin, herausgeschmissen, weil er mein Bruder ist, und sie haben das auch publiziert. Nun wollte er heraus. Das haben sie nicht erlaubt. Er soll eben hungern. Er soll leiden. Ich finde das so niedrig.

Der Brief Ihres Bruders ist prachtvoll – so mutig, anständig und sauber und ehrlich. Da kann man Ihnen nur gratulieren. Ihr Hasenclevers seid doch ein guter Verein, es lebe auch Marita!

Was die in dem Brief Ihres Bruders ausgedrückten Meinungen angeht, so halte ich sie samt und sonders für unrichtig. Bitte entschuldigen Sie das – der Mann macht einen wundervollen Eindruck, aber Sie wollen doch von mir keine Salonbriefe haben.

Ihr Bruder ist Musiker und ein naiver Mann. Gut. Aber was mich so aufbringt, das ist die von ihm erlernte Theorie, die ich nun nicht mehr hören kann, denn die materialistische Geschichtsauffassung, einst eine notwendige Reaktion auf bürgerliche Romantik, ist heute, rein angewandt, eine Absurdität. Ganz abgesehen davon, daß nichts davon, was da steht, eintreffen wird – ich kann es nicht mehr hören, wie die Kommunisten, die Ihren Bruder leider beeinflußt haben, es alles wissen. Ich mag nichts mehr von der Selbstbewegung der Geschichte hören, wie «es» sich bewegt, wie sie alles wissen, wie sie die Weltgeschichte in der Tasche haben – (nicht Ihr Bruder – die dogmatische Lehre). In der «*Weltbühne*» stand einmal: «Es ist die Aufgabe des historischen Materialismus, darzutun, warum alles so kommen mußte. Und wenn es nicht so kommt, darzutun, warum es nicht so kommen konnte.» Es stimmt ja alles nicht. Weder gibt es jetzt eine «Periode» von vier Jahren, noch gibt es nach dieser Periode ein Depressiönchen, denn es ist da schon eine Depression, die der Hitler vorläufig nicht wegbekommen kann. Und woher stammt eigentlich die Deduktion dieser «ewigen» marxistischen Gesetze? Da hören wir immer wieder zwei Beispiele: Ihr Bruder zitiert den ewigen Napoleon den Dritten, und Marx die Französische Revolution, und die Russen den Murat, und Otto Strasser die Russen, und dann ist es aus. Aber das sind drei oder vier mitteleuropäische Vorgänge. Hunderte von andern bleiben bei der Untersuchung unberücksichtigt. Das klassische Bild eines Scharlachs aber kann erst dann geschrieben werden, wenn der Schreiber Hunderte von Fällen gesehn hat. Aus dieser pseudowissenschaftlichen Geschichtsklitterei ist entsetzliches Unheil entstanden – der Marxismus registrierte eigentlich nur einen «gesetzmäßigen» Ablauf, und nun wundern sich alle furchtbar. Das Bürgertum ist mobil, brutal, munter und gemein – eigentlich und wissenschaftlich betrachtet ist es ja tot, aber das kommt davon, daß alle diese Leute ihren Marx nicht gelesen haben. Kurz: Wenn schon Moskau – dann Rom.

Das soll mich nicht hindern, Ihrem Bruder von jetzt ab regelmäßig den «Temps» zu schicken – schreiben Sie ihm *nicht* meinen Namen, dann bekommt er Unannehmlichkeiten, sagen Sie einfach, das wäre eine schweizer Freundin. Hoffentlich kommen die Zeitungen an, ich schicke nächste Woche das erste Paket ab.

Gesundheitlich geht es noch immer nicht gut.

Natürlich soll man nicht verbittert sein. Nun, auf die Schauspieler habe ich nie gezählt, das sind doch Berufs-Psychopathen, ob die nun Kommunisten spielen oder Hitlerleute, das ist ja gleich wertvoll. / Der Umfall der Geistigen ist kläglich – diese völlige Unfähigkeit, einmal beiseite stehn zu können. Gottbehüte nicht dabei zu sein – es ist grauslich.

Kerr habe ich neulich hier auf einen Momang gesprochen. Er ist jetzt wohl in Paris.

Unsere Bücher sind also verbrannt. Im Buchhändlerbörsenblatt ist eine große Proskriptionsliste für in vierzehn Tagen angekündigt. Dieser Tage stand an der Spitze des Blattes im Fettdruck: «Folgende Schriftsteller sind dem deutschen Interesse abträglich. Der Vorstand des Börsenvereins erwartet, daß kein deutscher Buchhändler ihre Werke verkauft. Nämlich: Feuchtwanger – Glaeser – Holitscher – Kerr – Kisch – Ludwig – Heinrich Mann – Ottwalt – Plivier – Remarque – Ihr getreuer Edgar – und Arnold Zweig.» In Frankfurt haben sie unsere Bücher auf einem *Ochsenkarren* zum Richtplatz geschleift. Wie ein Trachtenverein von Oberlehrern.

Nun aber zu Ernsthafterem. Wenn die umliegenden Völker mehr Würde haben als die meisten Emigranten, die es nicht lassen können, deutsche Zeitungen und deutsche Produkte weiter zu kaufen, statt resolut auch das kleinste deutsche Stück Ware abzulehnen, wenn also wirklich boykottiert wird, kann sich Hitler *in dieser Form* wirtschaftlich nicht halten. Von «Zusammenbruch» ist gar keine Rede – bitte glauben Sie nicht, daß ich in den üblichen Emigrantenfehler verfalle. Aber gar nichts zu fressen . . .? Da besteht am Horizont die leise Möglichkeit einer Abwandlung dieser Diktatur in eine Monarchie. Vielleicht nach einem sehr kurzen blutigen Übergangstadium, aber das ist nicht nötig. Übersteht Hitler den nächsten Winter, dann werden wir mit ihm begraben. Übersteht er ihn nicht, also irgend etwas wie eine Monarchie. [. . .] Sie werden dann etwas von Treue an das angestammte Herrscherhaus erleben . . .! Das ganze Bürgertum würde erleichtert aufatmen. Denn:

Sie haben es *so* nicht gewollt. Gespräch mit einem hiesigen Buchhändler, ennem Sachsen, gleene verschmitzte Augen, naduralisierdr

Schweizr. Vermögender Mann. Erst: «Glauben Sie, daß man diese aus-rangierten Werfel, Wassermann und so weiter ersetzen kann – hat die nur die Presse gemacht?» – Ich: «Darf ich mal die letzten Börsenblät-ter sehn?» – Bitte. Und ich lese. Da kommen sie nun aus allen Löchern gekrochen, die kleinen Provinznutten der Literatur, nun endlich, end-lich ist die jüdische Konkurrenz weg – jetzt aber! Will Vesper in seiner «Neuen Literatur»: immer feste! (Ich werde nun langsam größenwahn-sinnig – wenn ich zu lesen bekomme, wie ich Deutschland ruiniert ha-be. Seit zwanzig Jahren aber hat mich immer dasselbe geschmerzt: daß ich auch nicht einen Schutzmann von seinem Posten habe wegbekom-men können.) Binding ist ein großer Mann. Dann: Lebensgeschichten der neuen Heroen. Und dann: Alpenrausch und Edelweiß. Mattengrün und Ackerfurche. Schollenkranz und Maienblut – also Sie machen sich keinen Begriff, Niveau null. Obgleich Vesper so anständig ist, gegen Ewers vorzugehen, hat der «Horst Wessel» von diesem 90 Auflagen («Hitler» 383). [...] Na gut. Ich sage zum Buchhändler: «Werden Sie das hier in der Schweiz los werden?» – Er: «Nein. Ich nicht.» – Und nun gings los. Er wäre ja erst Feuer und Flamme für Hitlern gewesen, abr nu schbizdz es sich che immer mähr zu ... kurz: Revolution ja – Auf-schwung ja – Juden – immer feste – aber, aber: Geschäfte! Und nun keine Geschäfte ... Die können, soweit ich das sehen kann, auch nicht heute und morgen kommen. Woher denn? Es heißt: panem et circen-ses, nicht: panem aut circenses. Da sehe ich die Möglichkeit, daß der Stern Adofs verbleicht. Ich brauche Ihnen nicht zu sagen, daß das, was wir einmal die deutsche Linke genannt haben, nicht mehr wiederkommt. Und mit Recht nicht. Was mit mir wird, weiß ich nicht. [...] Und sie werden sich feiern lassen. [...] Und sie werden sich rühmen, wie sie durchgehalten haben! Sie, Herr Hasenclever, waren unterdes an der Riviera, aber wir hier ...! Und Rowohlt wird ein Buch herausgeben: «Vier Monate im Konzentrationslager», und es wird überhaupt alles herrlich sein. [...]

Das Würdeloseste ist doch [...] der kleine Mittelstand. Nicht etwa, weil er jetzt nichts tut – jetzt kann man nichts tun. Wenn man uns den Revolver an die Stirn hält, die Wohnungen zerhaut, uns einsperrt und verprügelt und bedroht –: was sollten wir denn da tun! Aber daß er nichts getan hat, als wir ihn gewarnt haben. [...]

Die bürgerliche Presse z. K. Der berliner Berichterstatter der «Basler Nationalzeitung», Behrens, wird in Berlin aus dem Bett geholt, krank, bedroht, er solle gefälligst besser schreiben. Tut er. Das Blatt rührt sich nicht. Keiner rührt sich. Aber sie schreiben dann: gewiß seien diese Judenverfolgungen, doch ... jedennoch andererseits ... und Kerr, Feuchtwanger, Ludwig und ich seien an der Gesamtsituation mitschul-dig. Amen.

Ich glaube, abschließend seis gesagt, daß wir alle zusammen dem Hitler nicht soviel schaden können, wie er sich selber.

[. . .] Ich habe eine lange aufgespeicherte Wut in meinem Herzen verwahrt: Kaufleute sind spezifisch dumm. [. . .] Grauenvoll. Ich weiß, daß es Hosenhändler geben muß – aber wir wollen sie doch nie mehr in geistigen oder gar politischen Dingen hören – nur eben als Ausdruck ihrer Interessensphäre. Welche Anmaßung! Sie sollen Hosen verkaufen, weiter nichts.

Die Leute in Berlin, unsere Leute, wissen nichts voneinander, leben wie auf Inseln und haben entsetzliche Angst. Das Telefon wird genau überwacht. Es muß heiter sein.

Den Zustand, den einzigen, in dem Deutschland möglich ist, werden wir leider nicht erleben – eher das Gegenteil.

Womit ich zu verbleiben die Ehre habe. Machs gut, alter Bursche [. . .] Vive l'Angleterre, ausnahmsweise.

Sie sollen auch leben. Und wenn Sie herausschwimmen, dann denken Sie auch mal an Ihren alten und getreuen

Edgar

Zürich, 11–6–33

Lieber Max,

[. . .]

Die Aussichten für uns halte ich nach wie vor für null. *Wenn* Hitler den Winter nicht übersteht (ich glaube, daß er ihn überstehn wird), dann kann es nur eine Militärdiktatur mit monarchistischer Spitze geben. Die hat wirtschaftlich leider keinen Erfolg. Hätte sie auch nur den Schimmer eines Erfolges und wäre der Kronprinz nicht ein hirnloses Wesen: welche Fluten von Popularität wären da zu schöpfen! Denn vielen Kleinbürgern ist die *Form* dieser Diktatur, mit deren inhaltslosem Inhalt sie durchaus einverstanden sind, zuwider – und würde das durch die altüberlieferte Form der Monarchie abgelöst, so liefe ganz Deutschland und halb Europa über. Immerhin . . . ein Herr . . . Aber ich glaube nicht recht daran, und was da weiter vor sich geht, hat mit uns eigentlich nichts mehr zu tun. Sie können sich vom Inhalt der Literaturzeitschriften keine Vorstellung machen. Die Leute vergessen aber eines: sie haben nicht nur den jüdischen Produzenten, sie haben vor allem das aufnahmefähigste, weil neugierig-nervöse Publikum Deutschlands kaputt gemacht. Die Herren Johst und Co werden sehr bald unter sich bleiben. Laß sie.

Wenn Sie schreiben, Sie dichteten sich eines – aber cui bono, so halte ich das nicht für richtig. Tibi bono. Da Sie jetzt nicht aufpassen müssen, ob das auch einer nimmt, so können Sie sich zunächst mal dichterisch ganz frei auslassen, und das kann gut anschlagen. Ich weiß, daß ein Dramatiker eine Bühne, also Dritte braucht – aber es kann doch gut sein. Ich wünsche Ihnen das von Herzen.

[. . .]

Ihr guter
Edgar

Zürich, 18–6–33

Lieber Max,
neulich, als ich versonnen im Badewasser schwamm, dachte ich an Ihnen: «Der schreibt nun auch nicht mehr» – dachte ich und weinete bitterlich. Ihr Brief ist gut tombiert und hat Wärme in mein Herz gegossen.

[. . .]

Briefe auf Wunsch vernichtet, soweit hier. Die andern sind in dem Moyahaus, und wenn ich dorthin komme, verbrenne ich sie unten im Kamin (starrt wehmütig in die Flammen).

Über Kamillentee und ähnliches nächstens mehr, hoffentlich erfreuliches. Sonst:

a) *Grundsätzliches*. Über «*Weltbühne*» Ihrer Meinung. Ich finde den *Ton* meist anständig, die Motive sicherlich auch – aber wie steril ist das alles! Und dann ist da auch keiner, der die Dessous der Bewegung in Deutschland auch nur ahnt. [. . .]

Nach genauer Lesung mancher Dinge, vielen Gesprächen mit Leuten aus Berlin und nun auch noch nach Lektüre Ihres Briefes [. . .]: die Komponente des Nationalbolschewismus ist größer als man denkt. Nicht nur die Nebenregierung der Horden, die natürlich auch. Aber die Tendenz, wirklich zu sozialisieren, ist da – ob sie sich, vor allem gegen die Agrarier, auswirken kann, ist mir mehr als zweifelhaft. Tut sie es, so wäre das die größte Ironie des Schicksals: Hitler als Vollstrecker der Marxschen Ideen. [. . .]

Bericht über Oss sehr übel, sein Gesundheitszustand soll schlecht sein, jemand hat ihn dort in der Krankenabteilung gesehn. Der Tagesplan schlimmstes Militär. Auf dem Transport von Spandau nach Sonnenburg SA; die Gefangenenwärter, die sich für die Gefangenen einsetzten, wurden mit ihnen verhauen. Dabei soll Oss verletzt sein. Näheres nicht zu ermitteln. Es ist mir gelungen, für das Kind Ossens eine Freistelle zu bekommen; wir wollen sehn, ob es gelingt, es herauszubekommen.

Der deutschnationale Oberfohren soll erschossen worden sein. / Die

Hysterie der Hitlerleute vor den Wahlen soll darauf zurückzuführen sein, daß, wie aus einem Protokoll des ermordeten Oberfohren hervorgehn soll, Blomberg von der Reichswehr erklärt haben soll, wenn die Regierung in irgendeinem Sinne gegen die Deutschnationalen geändert werde, so werde er Hitler und Göring wegen Brandstiftung verhaften lassen. Relata refero. Ich war nicht dabei. Unstimmigkeiten innerhalb der Sache enorm: jeder Minister hat sein besonderes schwarzes Schaf. [...]

c) *Scherz, Ironie, Satire und Vermischtes.* Ein Jude begegnet einem total verbundenen andern. «Moische! Was ist? Was haben sie mit dir gemacht?» Darauf jener, aus seinen Verbänden, mummelnd: «Alles, was mir passiert ist, ist gelogen!» / Die Wilhelmstraße ist jeden Morgen von acht bis neun Uhr abgesperrt, weil Hindenburg da auf dem Damm Kreisel spielt. / Telegramm einer kleinen Stadt in Ostpreußen an Göring: «sendet sofort zwei juden da boykott sonst unmöglich.» / Die neuen Pg's heißen: die Märzgefallenen. / Einer hat ein Spiel erfunden. Sie wissen doch, daß viele deutsche Volkslieder mit einer Frage anfangen. Nun also so: «Was kommt dort von der Höh?» – Natürlich die Juden. «Wer hat dich du schöner Wald?» – Natürlich die Juden. Und so in infinitum.

Stütze der Sache: die widerwärtigsten Kleinbürger. Stütze der SA: massenhaft Kommunisten, die da hereingegangen sind. Dazu die Berührung der äußersten Flügel: Bombenbauern und SA. Nach wie vor, trotz gelegentlicher Anfälle, halte ich das Ganze für stabil. Die Anfälle habe ich – nämlich: das wackelt, das bildet sich um ... aber dann ist es doch nichts.

Theater kaputt. Buchumsatz etwa auf 25% zurückgegangen.

So, das wärs. Ja, lieber Freund – ich glaube, man sollte «warten, ohne zu hoffen» – kurz: da wir beide keinen Vogel haben, und uns nicht der Haber sticht [...] – so kann uns nicht sehr viel passieren. Wir haben es stellenweise sehr gut gehabt, das kann uns keiner wegnehmen, hungrig nach Glück sind wir nicht mehr so sehr, ich halte es nicht nur für klüger, sondern auch für würdiger, sich diese Sache gelassen anzusehn, was die innere Haltung angeht. [...]

Mit schönen Grüßen an Wolffs Ihr

Edgar

Karl Kraus soll über die Deutschen in Österreich gesagt haben: «Die Ratten betreten das sinkende Schiff!»

Lieber Max,

schönen Dank für Kachte und Brief. Möge Ihr Wiegenfest der Auf-
kackt zu großen Ereignissen in Ihrer Laufbahn sein, deren Einweihung
ich hier mit diesem Hammerschlage feierlich vornehme oder so ähnlich.
Jedenfalls wünsche ich Ihnen alles Gute – vor allem, daß Ihre Arbeit etwas ergibt, was *für Sie* förderlich ist. Auf das Popplikom kommt es zunächst nicht an.

Antwortlich Ihrer geehrten:

Den Rat, den Ihr Thomas Mannen gegeben habt, halte ich für richtig. Taktisch richtig und für diesen Zeitpunkt richtig. Für später . . .
das weiß ich nicht. Viele von uns denken, sagen oder meinen, es gäbe
da so etwas wie eine «ewige Idee» Deutschland, die sich, dem Sternen-
himmel gleich, über diesem Pack da wölbe – wie wenn das da eine Epi-
sode sei. Dann freilich soll man ausharren. Die Frage ist nur: ist das
eine Verirrung, oder haben die Leute heimgefunden? Viele Reisende aus
Deutschland sagen: die Masse will es *nicht*. Das klingt nicht paradox,
denn in Italien ist es bestimmt nicht anders, und in Rußland – wenn
Leonhard es nicht hört –, da wird es auch nicht viel anders sein. Wächst
sich das aber ein: dann soll man sauber und konsequent abziehn. Ver-
leugnen können wir nie, daß wir dort aufgewachsen sind – ich werde
nie in einer andern Sprache schreiben können, und die Versuche, die
jetzt in Paris gemacht werden, sind tapfer, aber belanglos. Von Ausnahmen abgesehn (Chamisso, Conrad, Green) geht das ja nicht. Also ich
werde mich nie als alten Franzosen gerieren. Aber als Deutschen . . .?
Wissen Sie noch, wie wir vor einem Jahr die Russenkolonien besucht
haben? Das gab mir schon damals sehr zu denken. Und so ähnlich wird
es ja wohl werden, wenns *gut* geht.

Sicherlich hat die Schweiz Mann das Bürgerrecht angeboten. Den Leuten gegenüber, die grade nicht diesen lächerlichen Nobelpreis haben,
zeigt sie sich weniger magnanim. Mir hat sie gar nichts getan, ich höre aber viel Böses. Eine Welle von scheußlichstem Boche-Patriotismus
geht durch das Land und grade Zürich ist in dieser Beziehung eine wahre Bochie. Unangenehme Leute – ein Hotelvolk. Sie sind nicht für Hitler – aber es sind Emmenthaler Faschisten.

Das «*Neue Tagebuch*» ist famos. Die erste Nummer besser als die
zweite – hoffentlich hält es sich. Es ist viel besser als die WB (deren
letzte Nummer brauchbar war). Schlamm ist meist gut, das Drumherum nicht. Wenn sie nur nicht siebzehn Blätter nebeneinander machen müßten! Und wenn sie sich alle zusammen von der «Glosse»
fernhalten wollten! Ich habe – nach dem sel. «*März*» – diese Form
sehr propagiert – ich täte das heute nie. Man will entweder Aufsätze
mit dem langen Atem oder *Fakten*. Nur nicht diese Entrüstungsglosse,

mit dem Schmus drumherum. Roth, ganz Ihrer Meinung, Schwarzschild ausgezeichnet, der hat sich sehr entwickelt.

[. . .]

Für Ihren Büchertisch: «*Lu*» lesen Sie ja wohl – es ist tendenziös, aber gut gemacht. [. . .] Wenn Sie es gerade bekommen, lesen Sie – *Sie* am besten englisch: Lockhardt. Deutsch heißt sein Buch «*Vom Wirbel erfaßt*» und so ist es auch übersetzt. Eine sehr gute Sache. Beinah so gut wie mein Liebling Krieglstein (Kennen Sie den eigentlich? «*Zwischen Weiß und Gelb*» und «*Im Lande der Verdammnis*». Knauer. Nummer eins). Jules Renard, der alte gute, ist immer eine Freude, weil er so herrlich verspielt und verrückt ist, wie es Franzosen sonst gar nicht sind. «*Histoires Naturelles*» und «*La Lanterne Sourde*» und so. Furchtbar lachen muß ich über den dicken Daudet seine Lebenserinnerungen. Das ist, wie wenn ein dicker Mann beim Essen mächtig schmatzt und schlürft und pustet und dabei Klatsch erzählt. Er ist eine Sau schlimmster Observanz und außerdem total verrückt, aber die Erinnerungen sind von einer maßlosen Komik. Es gibt viele Bände. Er hat Ausdrücke, die sogar uns erröten machen.

Das nächste Buch des Herrn Céline wird ein Reinfall werden.

Ja, und sonst . . . Befinden nicht gut. Aussichten: ich halte die Sache für ganz und gar stabil. Eine witzige Ähnlichkeit zwischen Rom und Moskau: beide ermutigen die deutschen Anhänger, und beide lassen sie stumm und diskret im Stich, wenns zum Klappen kommt. Feine Herren. Und beide: dumm. Denn beidemal ist es nicht etwa ein Schachzug, sondern eine blanke, dicke und schöne Niederlage, über die kein theologisches oder kommunistisches Geschäft hinwegtäuschen kann.

Ich gehe allen Kompatrijoten aus dem Wege – nicht aus Verachtung, aber aus Furcht vor Langerweile. Man kann das auswendig.

Das wärs. Richtig: bekommt Ihr Bruder die Zeitungen? Ich schicke ihm jede Woche den «*Temps*», der ja in Deutschland nicht verboten ist. Aber die Frage ist: bekommt er das? Absender ist nicht angegeben, meine Schrift auch nicht.

Gehabt Euch wohl, Padrone! [. . .]

Ihr getreuer [. . .]
Edgar
ehem. Mitarbeiter erster Blätter [. . .]

Lieber Max,

Dank für Ihren hochwerten vom 19., den – wegen Hitze und Langerweile – gleich beantworten möchte. Item:

[...]

Kriegspsychose. Wissen Sie, so eine echte rechte Psychose war das bei mir nie. (Ich weiß schon, was Sie sagen wollen.) Ich meine aber noch heute wie damals: wer sehr viel Geld hat, soll den albernen Quatsch mit den Börsen lassen. Er soll sich im Wald auf einer Höhe ein Haus bauen, mit Keller und sehr vielen Vorräten, Petroleumlampen und Wasserquelle – und da soll er sitzen. Dem wird am wenigsten passieren. Ich sehe übrigens keinerlei Weltenkrieg. Ich glaube an einen im Osten Europas mehr oder minder lokalisierten Krieg, den die Rüstungsindustrie vorbereiten läßt (laisser und faire zugleich). Und das schrecklichste ist: diesen Krieg kann Deutschland auch noch gewinnen. Heute nicht – in vier Jahren durchaus. Die Polen . . . das ist nichts, wenn sie allein sind. Das bedeutete, genau wie der Sturz Österreichs, wenn er käme, den Anfang einer mitteleuropäischen Bochie – wir haben dann wohl nicht mehr so sehr viel zu melden.

Daran sind die Franzosen nicht unschuldig. Leider, leider sind die guten Köpfe, soweit vorhanden, bei denen auf der rechten Seite, und von denen ist ein Teil auch noch kapitalistisch begrenzt und borniert. Links . . . Ich finde das alles ganz trostlos. Nicht etwa, weil die Sozialisten Kriegskredite bewilligen – die bewilligte ich mit. Sondern weil es nur kleine Schlaumeier sind – und gar kein großer Mann darunter, keiner, der wirklich einmal ausspricht, was ist, keiner der zu sagen wagt, was alle wissen und was jedes Café de Commerce besser weiß und klarer sagt. Leider ist das so.

Daß sie sich zu uns anständig benehmen, davon bin ich überzeugt. Viel anständiger jedenfalls als diese hier, die vor Angst vergehn, das wackere Gebirglervolk. Das sind Hosenscheißer! Sie tun sich vor den deutschen Flüchtlingen gar groß auf – Hitler und Mussolini gegenüber tun sie das weniger. Hoteliers.

Wolfe: Der Anfang großartig. Nachher zerläuft es für meinen Geschmack wie ein Pudding. Mir behagt die Mischung des amerikanischen Naturalismus und einer fast wassermännischen Lyrik nicht –: Hölderlin, geb. Ford. Außerdem glaube ich, daß diese Seiten, angefüllt mit Schilderungen von Gerüchen oder den Schicksalen einer ganzen Straße, nun langsam Fleißaufgaben geworden sind – das kann ja beinah jeder. Auch die von Joyce erfundene Art, seine Assoziationen laufen zu lassen . . . mir schmeckt das nicht.

«Tagebuch»: Wenn sich das nur so hält. Schwarzschild sehr, sehr gut. Die Nachrichten und Glossen gut. Nur, eben (wofür Schwarzschild nichts kann): *Was soll nun werden?* Wir wollen uns über diese Publikationen nach einem Jahr wiedersprechen.

Ich schicke Ihrem Bruder erst wieder Zeitungen, wenn Sie Nachrichten von ihm haben. Ich habe Furcht, ihm Unannehmlichkeiten zu bereiten.

Anbei etwas, *das ich zurückerbitte.* Ich bin nicht gekränkt. J'en ai vu bien d'autres. Aber das sind jene, die noch an das «bessere Deutschland» glauben – «Hörn Se mal – so kann man das nicht – schließlich ham wa doch nu mal die bessern Wasserklosetts...» Daß die Seite *«Tiere sehen dich an»* mit den Generalsköpfen gar nicht von mir ist, nebenbei – ich muß natürlich die Verantwortung tragen. Sie stammt von John Heartfield, und er hat sie knapp vor der Drucklegung eingefügt, er hatte das Recht, es zu tun. Und das Buch ist als künstlerische Leistung klobig. Und schwach. Und viel zu milde.

«Weltbühne» schwach, bis auf Schlamm. Und Trotzki, der prachtvolle Sachen schreibt, die ja durch die Weltpresse gehn und nicht der WB gehören. Neulich ein *«Porträt des Nationalsozialismus»*, das ist wirklich eine Meisterleistung. Da stand alles, aber auch alles drin. Unbegreiflich, wie das einer schreiben kann, der nicht in Deutschland lebt. Konklusion: Krieg oder Revolution. Ich weiß das nicht... er weiß mehr und kann mehr, der Trotzki. Aber wie nun, wenn es sich lange, lange Jahre als Mießigkeit dahinschleppt. Mit einer Duldung Europas, die übrigens dieser grausliche Henderson durchaus anstrebt. Wie man überhaupt die tiefe Entrüstung der Engländer, die durchaus echt ist, nicht mit ihrer Politik verwechseln darf. Die geht trotz aller Unterhausreden auf Arrangement. Ich fürchte das. Und gerade das brauchen die Deutschen. Sie sind eben nicht fertig. Wie auch nur ein vernünftiger Mensch solche Schweinerein machen kann wie François-Poncet in Berlin, der die französischen Austauschschüler begrüßt, jetzt, vor einer Woche – wie dieses lächerliche Institut de la Coopération Intellectuelle, die alle mit den Deutschen an einem Tisch sitzen und Kommissionen bilden – wie man das mitmachen kann, ist mir unverständlich. Nun, sie machen es alle mit. [...]

Was ist mit Célines neustem Buch? Da muß ich irgendeine Anspielung nicht verstanden haben.

Gott ist groß, mir zu groß. Hier ist es heiß. Wie ist es dort? [...]

Gott mit Ihnen, junger Mann. [...]

Dies wünscht Ihnen Ihr getreulicher
Edgar

Mensch, Mensch – der Oss.
Und wenn sie ihn freilassen – was ist das dann für eine Freiheit! Ich denke immerzu daran.

31

Lieber Max,

es trifft sich gerade so, ich sitze am Schreibklavier, es gehet mir auch heute etwas weniger beschimmelt denn sonst . . . da will ich gleich antworten.

Tack för den vom 6. hujus.

[. . .]

Das höre ich auch, daß sich ein Teil der Herren Juden ganz albern in Paris benehmen. Schade – es ist nicht gut. Wie hat neulich jemand gesagt: «Da exportieren Sie nun unsern schönen deutschen Antisemitismus nach Frankreich!» Ein richtiger Instinkt hat Sie davor bewahrt, dort zu leben.

Was mich nicht hindert, Sie zu fragen, ob Sie im September vorübergehend dort sind. Ich vielleicht. (Es macht Ihnen doch nichts, wenn ich überall erzähle, ich führe zu Ihnen nach St. Tropez oder sonst eine Phantasieadresse?)

[. . .]

Wolfe – da haben Sie recht: die Stelle ist schön. Das Ganze ist leider geradezu schweinemäßig übersetzt – es wimmelt von Anglizismen, ganz schauerlich, «sie schürzte die Lippe» – wie kann man das als thematischen Satz stehen lassen. Und «mein Honig» dürfte wohl auch nicht das richtige sein. Ein Jammer.

Nein, ich schreibe noch gar nichts – langsam fühle ich manchmal, daß es geht, dann wieder geht es gar nicht, ich will keine schwankenden Arbeiten herausgehen lassen. Schreiben ist, wie mir scheint, Kraftüberschuß. Und der ist noch nicht da.

Wir haben doch damals, als Sie mir in der Badewanne der Emeraude den Tod Doumers verkündeten, sofort an den Konsul nach Berlin telegrafiert. Er hat sich daran erinnert, als er meiner Mutter das Visum gab: «mais votre fils et Monsieur Hasenclever, ce sont des amis de la France» und so. Na also.

Hitler spielt mit Röhm Dame, hörte ich.

Merkwürdig: viele Leute, meist die Juden, haben diese Hoffnung, beinah mehr als das: Monarchie oder Militärdiktatur. Ich habe das immer verlacht. Jetzt erzählte jemand, man spräche darüber, daß sich das *mit* Hitler abspielen sollte. Die Bösen seien Goebbels und Göring – nicht aber der gute, edle, weiche Schlawiner. Das ist so deutsch: die heulende Sentimentalität nach allen diesen Verbrechen. Ich halte die Kombination für einen Wunschtraum und für wenig wahrscheinlich – es ist nur so himmelschreiend dumm, daß es eine Aussicht auf Realisierung hätte.

[. . .]

Und es wird wieder auf Kosten der Arbeiter gehn. Gott segne dieses Land.

Trotzki mit gleicher Post – *bitte zurück*, ich habe ihn nur ein Mal. Das «*Tagebuch*» ist glänzend. Schwarzschild hat einen Instinkt, eine Witterung – ganz famos. Er schreibt auch immer besser und entwickelt sich großartig. Auch seine kluge Haltung den Franzosen und den Engländern gegenüber ist brillant. *Kurz*: es ist eine ungetrübte Freude. Ich empfehle das Blatt überall.

[. . .]

Ihr getreuer
Edgar

17–8–33

Lieber Max,
schönen Dank für den Ihrigen vom 14. hujus.

Selbstverständlich werde ich also Ihren Namen mit Reiseplänen nirgends in Verbindung bringen. Ich werde auch meine gesamte Post noch einmal auf alles durchsehn. Seien Sie ganz beruhigt, ich verstehe Ihre Bedenken sehr gut.

Ich denke, daß ich etwa vom 8. bis 25. September dort aufhältlich sein werde – es wäre ganz wunnerbohr, wenn Sie da wären. Haben Sie die Adresse eines Dritten, an den ich schreiben könnte, zwecks Meldung, daß ich da sei? Sonst immer hierher – ich bekomme alles nachgeschickt.

Paule war hier. Na . . . also er ist ja ein tippanständiger und braver Kerl, aber vollkommen verrückt. Es ist etwas anstrengend. Er nannte Zahlen über seinen Verbrauch, die mich erschreckten, aber das geht uns ja nichts an. Sein Blick ist oft ganz scharf, er sieht gut und richtig, aber alles falsch, was ihn angeht. Er ist sich sehr im Wege. Als meine Lobrede über «*Kulissen*» erklang, hatte er das nicht so gern; er nannte das Stück «ungütig» und redete dann genauso weiter wie sein Ebenbild in der Rolle. Ich mußte herzlich grinsen. Er wehrt sich mächtig, sucht überall Beschäftigung und überschätzt vielleicht seine Bedeutung in der «goldenen» Zeit sanft, aber energisch. Er nannte uns alle unzuverlässig, weil wir nicht seinen Ruhm genügend geblasen hätten . . . sagen Sie mal: reden wir eigentlich auch immerzu dasselbe? Das muß furchtbar sein.

Was er über die Herren Juden sagte, war Nummer eins. Er erkennt sie richtig, bewahrt seinerseits eine Art Würde, was offenbar viele andere nicht tun. Unsere Juden sind verbocht.

Auflösung der SA – das halte ich für einen Mordskrach. Es wäre bildschön. Aber er wird das nicht durchsetzen.

Ich glaube nicht, daß Hitler kippt. Warum auch? Europa sieht, wie gelähmt, zu, wie der neue Krieg vorbereitet wird – die Kriegsindustrie hat zu tun, Herr Daladier ist taktvoll, das Foreign Office eiskalt, und so kommen die drei Jahre zustande, die jener braucht, um loszulegen. Meine Überzeugung, daß er diesen Krieg gewinnt, wächst immer mehr. Dann sollten wir vielleicht sehn, was in Bali frei ist – denn ein Europa, in dem die Deutschen als stolze Sieger herumlaufen . . . das wohl lieber nicht.

Inzwischen habe ich aus wohlassortierter, aber sicherer Quelle dieses gehört: da sitzt doch der alte Otto Braun unten in Lugano und züchtet Tomaten. Gut. Der hat eine Frau, die ist auch in Lugano. Die hat ein Vertiko und andere Möbel, und das Vertiko ist noch in Deutschland. Jetzt ist doch diese Frau Ministerpräsident wirklich und wahrhaftig nach Deutschland gemacht, weil man doch die guten Möbel nicht . . . Also das ist wahr. Zurückgekommen ist weder sie noch das Vertiko, und ich frage mich, ob sie jetzt wohl beide beieinander sein werden. Und genau so war denn auch die gesamte Politik dieser Partei.

[. . .]

Inschrift am Reichstag: Brennendes Geheimnis Oder: Eigener Herd Ist Goldes Wert

Dies wünscht Ihnen Ihr getreuer
Edgar

Zürich, 25–8–33

Lieber Max,
Dank für den Ihrigten vom 21. hujus.

[. . .]

Frau Braun ist auf alle Fälle richtig. Die SPD hat da immer von drei Pfeilen gesprochen, das war ein Irrtum. Ihr Wappen ist das Vertiko.

[. . .]

Toller war hier und hat mir sein neues Buch gezeigt. Seine Lebensgeschichte. Ich halte das für sehr wirksam. Es hat nichts von diesem hohlen Pathos, das man ihm manchmal vorwirft – es ist sauber, klar, und hat vor allem etwas, das mir doch sehr imponiert hat: er gibt die bayerische Geschichte in politischer Hinsicht glatt preis. Also das hat mir gefallen. Eine Sache, die so viel gekostet hat – und dann sagen: ich habe mich geirrt . . . das ist brav. Ich glaube, daß das Buch Erfolg haben wird.

Er sprach auch von einer Tournee durch England, die ihm, wie ich denke, das Leben kosten kann. Er ist sehr tapfer. Programm, Dogma,

Thesen – da sehe ich nicht klar. Et après? Ich weiß es nicht. Er wohl auch nicht.

Von Mary bin ich geschieden. Da ich weiß, mit welcher kameradschaftlichen Diskretion Sie solche Sache zu behandeln pflegen: das ist kein Geheimnis. Im Gegenteil. Ich halte es für gut, wenn die Leute wissen, daß da nichts mehr ist – eben, damit sie nun nicht mehr belastet ist. Sie hat nun viel mehr Chancen im Geschäft. Die Sache ist selbstverständlich in aller Freundschaft vor sich gegangen. Sie ist ein tadelloser und anständiger Mensch, ich tue da mein Möglichstes.

Sie sind zu bescheiden und sprechen nie von Ihrer Arbeit. Was ist es –? Sind Sie zufrieden?

Daß es mir etwas besser geht, wage ich nicht hinzuschreiben – aus Furcht. Es schwankt noch sehr, ich kann nicht rauchen, die erste Pfeife wird feierlich angezeigt. Aber dann . . . Ich kann mir das noch gar nicht denken. Seit «Kolumbus» habe ich keinen guten Tag gehabt.

Die Adresse für Paris war nur für den Fall, daß wir beide dort sind und uns erreichen wollen. Ich will versuchen, etwas später zu fahren, aber – ohne Sie mit Details zu langweilen – es ist nicht ganz leicht. Es wäre ja wunnerbor, wenn wir uns dort einmal aussprechen könnten. Ich möchte sonst das Heer der Wichtigtuer und nun gar der Kaufleute durchaus vermeiden. Unser Kreis wird klein, alter Mann. Es muß doch aber irgendeine Grenze nach unten geben. Daß ich jemandem die Hand gebe, der das toleriert, glaube ich nicht. Ich bin kein alter welfischer Major, der mit keinem Preußen spricht, vierzig Jahre hindurch nicht – aber es gibt da wohl so etwas wie, mit Verlaub zu sagen, Würde. Wer nicht will, daß ich mit ihm im gleichen See bade (Wannsee) – also ich nicht. Ich gehöre der älteren Rasse an; mit Negern ja, mit Boches nein.

[. . .]

Ihr getreuer
Edgar

29–8–33

Lieber Max,
schönen Dank für den Ihrigen vom 26. hujus. Ihre Fragen will ich alle beantworten:

1.) Ich glaube *nicht* daran, daß gleiches Schicksal uns allen blüht. Ich möchte dickst unterstreichen, daß ich damit nicht sagen will, ich sei ein Staatsfeind I. Ordnung, und die andern nur II. Ich empfinde diese Sache weder als Orden noch als Diffamierung, sondern als Unbequemlichkeit, die mir Lauferei machen wird. Daß etwa allen Schriftstellern

oder Linksleuten das aberkannt wird, glaube ich nicht. Leider nicht –
denn wenn die Leute, was sie zum Beispiel im Falle der Frau Jacobsohn
getan haben, den Paß nicht verlängern, ohne die Staatsangehörigkeit
abzuerkennen, so ist das mindestens so unangenehm. Für Sie sehe ich
gar keine Gefahr: bis 37 hat sich manches entschieden. Eine Notifizie-
rung an die verschiedenen Staaten wird kaum erfolgen, und *nur* dann
ist der fremde Staat verpflichtet, davon Kenntnis zu nehmen. Sie haben also gar nichts zu befürchten, vorläufig gewiß nicht.

2.) Ich werde nichts unternehmen, was Deutschland angeht. Hier
liegt keine gesetzliche, sondern eine revolutionäre Maßnahme vor und
gegen die habe ich gar nichts. Gesetzlich deshalb nicht, weil der oberste
Rechtsgrundsatz: «Nulla poena sine lege» durchbrochen ist. Das Gesetz
stammt vom 14. Juli dieses Jahres. Seither aber haben Hölz, ich und
andere nichts gegen das Regime unternommen – wir werden also rück-
wirkend bestraft, was im Gesetz nicht angegeben ist. Das gibt es nicht.
Jeder Schritt dagegen aber sähe so aus, wie wenn ich darauf Wert legte,
Deutscher zu bleiben, und darüber brauchen wir wohl nicht zu sprechen.

3.) Der Paß gilt noch – bis ich die Möglichkeit habe:
4.) Nansenpaß oder eine andere Staatsangehörigkeit zu erwerben.

Mich regt das wenig auf: daß ich in den Ländern, die für uns in
Frage kommen, und zu denen nicht die Schweiz gehört, ausgewiesen
werde, weil das erfolgt ist, halte ich für ausgeschlossen.

Deswegen schaukele ich diese Sache sehr gemütlich und langsam ein
– zu verlieren ist da nichts mehr. Also wozu Aufregung –?

Wenn aber diese Rache des kl. goebbeles dazu dient, unsere Entre-
vue in Paris auf die Beine zu bringen, mit anschließender Zigarre Ihrerseits, dann sei er gepriesen. Ich werde etwa gegen den 8. dort sein
– dies ist *nur* für Sie, ich will nach Möglichkeit dem Schwarm aus
dem Wege gehn. Das wird zwar nicht glücken, aber ich will es doch
versuchen. Außerdem kann ich schön Nein sagen, daran werden sich die
Leute eben gewöhnen müssen. Es wäre famos, wenn Sie da wären –
ich schreibe meine Adresse nach dort herunter. Spitzel? Wissen Sie,
in meinen Briefen steht nichts mehr drin – wenn ich das alles so lese,
habe ich das Gefühl, wie nach bestandenem Abitur oder in jener Epoche,
wenn wir acht Wochen vor Ostern wußten: «Wir bleiben ja doch sitzen – nun hat es keinen Zweck mehr!» *Ich habe das nicht mehr auf* –
das ist mein Eindruck. Und daß die Kerle einen ermorden lassen, halte
ich zunächst für unwahrscheinlich. Wenn es ihnen Freude macht, mir
straßauf, straßab nachzugehn – mir solls recht sein. Ich glaube nur, daß
ich außer Ihnen und wenigen Leuten kaum mit Boches zusammen sein
möchte – auch nicht mit den deutschen Juden. Ich habe damit nichts
mehr zu tun.

36

Mensch, kommen Sie! Auf daß wir beim eiskalten Burgunder die Sache bereden können. Wirklich und wahrhaftig: wer weiß, wann wir uns dann wiedersehn!

In Züchten:
Edgar
ehemaliger Cimbrer
Ex-Teutone

«Man ist in Europa
ein Mal Inländer und
22 Mal Ausländer.
Wer weise ist: 23 Mal.»
K. T.

[Paris]
Bureau de Postes 123
rue d'Anjou   9–9–33

Lieber Max,
wenn nicht noch Post von Ihnen via alte Adresse nachkommt, dann scheint mir, Sie hätten vielleicht meine letzten Briefe nicht bekommen. In einem lag die kleine Foto einer Dame.

Sollten Sie herkommen, so wäre das prächtig. Ich weiß, daß Sie nicht so blindlinx alles hinwerfen können, und das ist auch gewiß nicht nötig. Bitte sagen Sie niemanden, daß ich hier bin. Ich habe zwar einen getroffen, aber dem habe ich erzählt, ich führe Montag wieder davon. Wahrlich, ich sage euch: dieses ist eine – trotz allem – eine himmlische Stadt. Mensch, als ich diese Luft, gemischt aus Staub, Metall, Sommerwind, Benzin und Frauen wieder gerochen habe . . . also das gibts ja wirklich nur ein Mal. Das erste Abendessen, durchaus mittlerer Natur, war eine Erlösung.

Man sollte vielleicht einmal sich gründlich ausklatschen.

Mit entsprechendem Gruß

Ihr
Edgar
aufgehörter Deutscher

Paris
Bureau 123 poste restante   14–9–33

Lieber und von mir hoch geschätzter Max,
Dank für Ihren freundlichen Brief vom 1. hujus. Es ist mehr als schade, daß wir uns hier nicht zu sehen bekommen – das Wetter ist himmlisch, mir ist hervorragend mau, weil ich mich nicht gut fühle, und so
hätte ich gern mich an Ihrer Vitalität [. . .] ergötzet. Amen.

Sie haben natürlich mit dem, was Sie sagen, recht. Wenn es später-
hin gefährlich sein sollte, dorthin zu gehen, so hängt das sehr von
Ihnen ab. Außer Ihnen weiß kaum jemand davon. Ich brauche Ihnen
wohl nicht zu sagen, daß ich alles getan habe, pour dépister tout le
monde. Ich lebe «zur Zeit in der Schweiz».

Ich sehe hier wenig Leute, zum Glück. Daß ich hier bin, wissen einige – das macht aber nichts. Schwierigkeiten habe ich bis jetzt nicht gehabt.

Dank für Ihre Diskretion in Sachen Adresse. Anbei zurück. Ich habe
das beantwortet.

Das Braunbuch kenne ich. Wenn die Nachbarstaaten so weiter machen, dann macht Adof eine *gute* Außenpolitik. Er ist nämlich nicht von
Europa oder von uns angestellt, sondern von Deutschland. Und wenn
er sich das erlauben kann . . .! Man denke sich einen Sozialisten, der so
mit den Katholiken umzuspringen gewagt hätte! Man muß offenbar
eine gewisse Gattung, zu denen auch die elenden Stalinleute gehören,
vor den Arsch treten – dann erst geben sie nach. *Also* hat Adof recht.
So sehe ich das an. Politik ist die Kunst des Möglichen.

Sie haben recht: es ist nicht Sibirien, es ist Belgien in Deutschland.
Nämlich: Grausamkeit plus Kälte plus: «Dienst is Dienst. Da kann
man nischt machen.» Es ist sehr greulich. Und, was ich immer seit Jah-
ren gewußt habe: diese Opfer scheinen umsonst dargebracht zu werden.
Märtyrer? Gut – aber nicht in einem leeren Zirkus. Das bringt dem
Christentum keinen Nutzen.

Neulich habe ich auf einem Straßenschild gelesen:
                    rue de Christophe Clomb
und das hat mich sehr melancholisch gemacht.

Lieber Max, sehr viel Freude macht mir das alles nicht. Alsberg ist
ein Anfang (Lessing wohl nicht). Wir werden eine ganze Strähne
Selbstmorde erleben. Viele Juden *glauben* es nicht, was ihnen geschehn
ist – sie haben keine Phantasie. [. . .]

Grüßen Sie alle und seien Sie selbst schönstens gegrüßt
                    von Ihrem alten, dicken und etwas vermauten
                    Edgar

38

Lieber Max,

Dank. Der Ordnung halber die Karte zurück – die Sache ist ganz belanglos.

Leider werde ich nicht so lange hier bleiben können, was mein Herze schmerzt, aber es läßt sich beim besten Willen nicht machen.

Schmeckt Ihnen der Gegenprozeß in London? Wenn da nicht noch die ganz dicke Enthüllung kommt – – ich habe mächtige Angst, daß das wieder so gemacht ist, wie alle Verlautbarungen dieser unsäglichen Linken gemacht werden: schlecht organisiert, Unterschriften großer Tiere, die entweder nicht kommen oder wenn, dann nur, um in der Zeitung genannt zu werden . . . Was soll das? Wen verhört man da? Was kann Toller aussagen? Das ist doch Blödsinn! Er weiß doch gar nichts über die Sache. (Es ist sehr tapfer von ihm – er riskiert sein Leben.) Aber so geht das nicht. Wenn die Leute nicht einen SA-Mann haben, der schriftlich oder mündlich gesteht, dann sollen sie es lieber lassen.

Hier ist himmlisches Wetter – mein Befinden ist es weniger.

Das wärs. Machs gut, Alter – das Leben ist nicht rosa.

In Züchten Hochdero
Edgar

Brautbild dankend erhalten.

Lieber Max,

[. . .] abgesehen von allem andern, zwei Dinge.

Das eine ist, daß Sie – wenn Sie irgendwo Ruhe haben, also nicht in Paris, langsam und sorgfältig, «Le Roi dort» von Charles Braibant lesen könnten. Mensch – das ist ein Ding! Na, lieber Freund. *Das* ist Epik; Sauberkeit, Gelassenheit – endlich mal ein Buch, dessen Autor nicht aufgeregt ist. Und Frankreich ist darin – Mensch, es ist eine Herrlichkeit. Es kommt an Hamsun heran – es ist sehr merkwürdig. (Ganz anders; aber man lernt die Franzosen nie auskennen.)

Das zweite ist: wie tut sich das «Pariser Tageblatt»? Geht das? Mit so viel Kautelen, wie die Geldgeber und die politische Situation erheischen, mit Verlaub zu sagen. Na, vielleicht geht das. Hm.

Feuchtwangers «Oppenheims» werden ein gutes Werk tun. Künstlerisch ist es ganz schlecht – strohig, aus Pappe. Ich halte den Mann für sinnlos überschätzt. Das ist gut genug für Engländer. Seine Haltung ist leider tausendmal anständiger als die Thomas Manns. Von Döblin nicht zu reden. Nun, mich geht das nicht mehr so sehr viel an.

Ernstchen sein neues Buch kennen Sie? Es sind hübsche Stellen drin. Besonders da, wo es gar nicht politisch ist. Was er damit *will* . . . also

da bin ich sehr skeptisch. Was er zeigt, ist sehr hübsch. Und mutig –
er rückt nämlich von alten Idealen ab; dazu gehört Sauberkeit.

[...]

Mit vielen schönen Grüßen

allemal Ihr getreuer
Edgar

Es wäre mir ganz besonders lieb, wenn meine Adresse – auch nicht
unter dem «Siegel der Verschwiegenheit» – nicht weitergegeben würde.
[...]

5–1–34
und folgende Tage

Lieber Generalobermax,

[...] was da heraufzieht, ist bitter. Wenn der Krieg lange auf sich
warten läßt, dann folgt auf diesen entsetzlichen I. Akt, den ich «Das
dürfen die Leute ja gar nicht!» getauft habe, der II. Und der heißt: «Ich
weiß gar nicht, was Sie wollen – so schlimm ist es nun aber gar nicht
mehr.» Das wäre grauslich, eine scheinbare Mäßigung im äußerlichen.
Kommt der Krieg – ja, ich kann nicht so weit sehen, aber ich lasse mich
seit zwei Jahren von allen ernsten Männern auf die Schultern klopfen,
wenn ich etwas sage, was keiner von denen sagt: «Ihr denkt nie an
die Möglichkeit, daß dieser Krieg lokal begrenzt sein könnte!» Alle Voraussetzungen sind gegeben. Die Polen, schielen wie immer, kokeln an-
scheinend und scheinbar mit Deutschland. Das kann, (kann) dahin führen, daß die Franzosen trotz des investierten Geldes das Interesse verlieren. Außerdem erlaube ich mir die kleine Nebenfrage:

Helfen? Gut – aber *wie kommt man dahin* –? Durch Deutschland? Ich
glaube nicht, daß man die Franzosen für den Korridor in die Uniformen
bekommt. Sie tun es nicht, ich glaube das nicht. Man kann Geld schik-
ken, aber Leute und Tanks? – Bleibt der Krieg aber lokal, dann gewinnt ihn Deutschland mit Pfeifen und Trommeln. Was das für einen
Schlag für unsere westliche Kultur bedeutet, das brauche ich Ihnen nicht
zu sagen. Das kann eintreten. Die Töne aus Deutschland, in dem ich
ja seit Jahren nicht gewesen bin und zu dem ich kaum noch Verbin-
dungen habe, klingen allerdings für ein Regime von 12 Monaten merkwürdig schrill, solche hohen Kopftöne sind kein Zeichen von Kraft –
aber was dahinter steckt, kann ich nicht beurteilen. Sicher ist nur dies:

Die These Heinrich Manns und auch Tollers ist falsch. Hitler ist
Deutschland. Zum mindesten, wenn sie das nicht sind, so darf man sagen: sie können auch so. Sie sind amorph. Und das da kommt ihnen

40

sehr nahe. Jeder, der überhaupt Gefühl hat, fühlt: stirbt der Mann morgen, dann machen die entsprechend weiter. Es gibt dann Zickzacks, ein Durcheinander – aber, wie Oss schon sagte, «was er angerichtet hat, bleibt». Also ist es dumm, das arme getäuschte Deutschland zu bedauern, und es ist Unfug, dem Ausland einreden zu wollen, das sei alles gar nicht so – Deutschland sei vielmehr . . . ja, was? Wer? Kisch? Die emigrierten Juden? Ich? Sie? Nein, nein, es hat schon seine Richtigkeit: die da zu Hause sind janz richtig, und man muß es ablaufen lassen. Nebeneditionen gibt es nicht.

Daß die nicht in der kläglichen Emigrantenpresse liegen, wissen Sie ja. Ich mache mich darüber nicht lustig – die Leute wollen leben, und etwas anderes können Sie eben nicht. Aber abgesehen von der Torheit der Kommunisten, die wirklich nicht wissen, wo Gott wohnt, und die nichts, nichts gelernt haben, nicht einmal aus jener Literatur, die zwischen der guten Soziologie und der guten Psychoanalyse liegt, eine Literatur, die ihnen verdammt unbequem ist, weil sie skeptisch ist, wie jede Erkenntnis, also die Tat aufhält . . . abgesehen von denen da stellen wir uns nie diese Frage:

Möchten Sie sich von unsern Intellektuellen regieren lassen? Ich nicht. Es gibt da Ausnahmen, famose Kerle, die wirklich reiten können. Aber der Rest . . .? Ich meine das nicht boshaft, um so weniger, als ich mich nicht ausnehme. Ich habe mich im Krieg als Beamten gesehn – eine reine Freude war das auch nicht. Was in meiner Schreiberei Güte war, ist in der Realität Schwäche – was Witz, wird Inkohärenz – die Herren überschätzen sich zumeist. Und wenn einer nicht eine neue *Lehre* zu geben hat, dann mag er ein ganz guter Schreiber sein – aber eben diese lebendige *Kraft* fehlt ihm so oft, und mit der wirds nun mal gemacht. Mit Gehirn hat das wenig zu tun, und wenn die da noch so brüllen. Ich muß wohl nicht hinzusetzen, daß ich inzwischen nicht an das «Dynamische» zu glauben gelernt habe oder solchen Quatsch – mir ist der Faschismus genau so widerlich wie Ihnen. Nur, wenn ich ihn bekämpfte, dann, scheint mir, erwiese ich der Sache einen größeren Dienst, wenn ich die lebendigen Kräfte, die in ihm und unter ihm liegen, trotzalledem, erst mal richtig erkenne und dann erst loshaue. Die Schreiber da pusten alle verachtungsvoll durch die Nase . . . aber so wird das nichts.

Pardong – dieses war ein Kolleg. Ad personam:

Hoffentlich ist Ihrem Bruder nicht viel geschehn. Ich habe noch die Briefstelle von Ihnen in Erinnerung (es wird alles von mir vernichtet, leider), wo Sie schrieben: «Sehn Sie – es gibt doch auch noch andere Leute da!» Und ich habe mir damals gedacht: Wie lange, du großer Gott! – Hat man ihm Ernsthaftes angetan? Drucksachen kann man ihm nun wohl nicht mehr schicken? Geht er nicht heraus?

Grausige Einzelheiten über die Lager in der «*Aktion*».

Klever, daß Sie sich mit Rutchen ausgesöhnt haben, hat mein Herz mächtig geschüttelt. Ich finde das I a von Ihnen, Sie sind wirklich ein famoser Kerl. Sie haben ganz recht: man kann ihn zausen, aber sich jetzt im persönlichen voneinander abzukehren, wenn man sich so lange gekannt hat, das wäre unwürdig. Famos. Und meine Grüße an den Dikken.

Ihn und Sie wiederzusehn, das liegt nicht aus dem Bereich aller Möglichkeiten. Mir geht es nicht gut – ich mag Ihnen keine Bulletins schicken, aber es ist eben noch nichts. Ich würde also vielleicht doch noch einmal zu einer Schwefelkur fahren, vielleicht in die Pyrenäen, ich weiß noch nicht. Das schriebe ich Ihnen – vielleicht sind Sie irgendwo am Wege.

Sagen Sie nicht, daß Sie im luftleeren Raum arbeiten. Das täten Sie nur, wenn Sie «aktuell» aufdrehten. Der weise Kracauer hat mal geschrieben: «Wer sich zu tief mit der Zeit einläßt, altert geschwind.» Das tun Sie längst nicht mehr – und ohne ihr den Rücken zu drehn. Prosa? Sehr gut. Wenn ich mir erlauben darf, als Reinigungsbad der Seele viel Hebel (mit einem b), Kleist und Schopenhauer zu empfehlen – das fegt die Ecken aus.

[. . .]

Übrigens habe ich hier ein paar Liebesbriefe Görings gesehn, im Original, 1920. Mensch, das ist trostlos. Wir wissen doch, was man alles zusammenschreibt, wenn man eine haben will – aber so etwas von Koofmich, von Liftboy und Rennfahrer an Niveau . . . das ist bitter. Ich habe sie nicht abgeschrieben, mir ist das fern und ekelhaft. Ich besinne mich nur auf einen Satz: «Abends bin ich viel allein zu Haus und denke über das Leben nach.» Mit bekanntem Resultat. Die lyrischen Stellen in den Briefen rochen nach ganz süßem Bonbonparfum und Hosenboden. Finster.

Ihre Charakteristik der berliner Mädchen in Paris war himmlisch. Machs gut, Alter. Gruß und Kuß an Marita. Gruß an die Küste und die Dame. Ich läse viel. Und denke an Ihnen und bin allemal Ihr ewig alter

Edgar

P.S.1. Mögen Sie den Etappen-Bolschewisten Ehrenburg? Ich meeg das nicht.

P.S.2. Vielleicht haben wir den beiden Fräulein Nietzsche doch etwas Unrecht getan. Die Alte hat zwar dem Adolf den Spazierstock ihres Bruders verliehn – aber der Nachlaßband (von Bäumler herausgegeben, 1931) enthält die ungeheuerlichsten Dinge gegen die Boches.

Lieber Max,

[. . .]

Es ist alles wahr, was Sie pfestgestellt haben, und ich nehme alles zurück, mich mit, ich habe wollen so lange warten, bis ich ganz gesund bin, und Ihnen dann schreiben wie ein strahlender Meteor am Waldesrand, aber leider bin ich das mitnichten. Um das erst mal zu erledigen: ich sitze an der See. In einem Bauernhaus, Fjord, Privatbadebucht, Salzwind und langer Geduld. Qui vivra, nous verrons.

Guter alter Mann, ich bin über Ihnen mehr als froh, a) daß Sie mit einer netten jungen Dame zusammenleben, die ich herzlich zu grüßen bitte. Ferner lache ich Sie überhaupt nie aus, und b) gewiß nicht wegen Roman. Ich halte es für ein Glück und einen Segen, daß Sie arbeiten und sich nicht mit einer sterilen Negation aufhalten, wie jene Galerie der entsetzlichen Tiere im Caféhaus, von denen Sie schreiben. (Speyer ist ein netter Kerl und einer der wenigen *weisen* Deutschen, die ich kenne. Theodor Wolff hat in der Schweiz ein Buch veröffentlicht: es hat aber einen falschen Titel, es sollte heißen «Die Mitschuldigen».)

Bitte schicken Sie mir Ihr Stück – welches genau und aufmerksam gelesen wird. Kritisiert nur auf Wunsch. Besteht irgendeine Chance, das ins Französische zu übersetzen –? Deutschland doch wohl nicht möglich.

Persönliches: Gesundheit also nicht sehr gut. Pariser Aufenthalt ganz kurz und fruchtlos, dann Challes in der Haute-Savoie – diese Kur hat nichts geholfen. Dann Schweiz – dann hier.

Das große Erlebnis des Jahres heißt . . . also erst Hamsun und dann ein Franzose.

«Weder Jahr und Tag» – da bin ich, wie so oft, ganz Ihrer Meinung. Es ist mir unbegreiflich, wie das ein Siebzigjähriger hat schreiben können. (Denken Sie sich unsern jetzt bereits 108jährigen Thomas Mann mit siebzig.) Die Szenen der Mutter mit dem Zigeuner, die Szene in der Räucherkammer, wo er, weil jemand kommt, hervorstößt: «Schilt mich aus!» – da ist es mir kalt über den Rücken gelaufen. Es ist unfaßbar und ein Wunder. Sagte mir jemand, das sei bei Hamsun im Garten gewachsen, so glaubte ich das – aber den Vorgang, wie das auf Papier geschrieben worden ist, den begreife ich nicht. Ich habe mir eine norwegische Biographie Hamsuns gekauft – da ist ein Bild darin, er als dreißigjähriger *Tramway-Kondukteur* in Amerika – lieber Herr, das ist toll. Er scheint übrigens, sobald er nicht schreibt, ein nicht sehr angenehmer und provinzieller Herr zu sein – wenn er schreibt, kann man nur in die Knie sinken. Man möchte dann nie mehr eine Maschine aufklappen. Die Figur Augusts – das ist – zum Teil – die Gschaftlhuberei des Koofmichs aller Zeiten.

Der Franzose heißt Péguy. Lieber Max, es kann sein, daß Sie da meinen Enthusiasmus nicht teilen. Ich müßte Ihnen, wenn Sie das wollen, die Stellen bezeichnen, mit denen man anfangen soll – unter Schutt, schreibt einer seiner Biographen, liegt da das Edelgestein. (Notre jeunesse. L'argent.) Ich habe Frankreich noch nie so gut begriffen, und unsere Zeit noch nie so gut. Das ist ein großer Kerl – und wenn die Herren Marxisten, die ja alles wissen, weil sie es alles schriftlich haben, darüber lächeln, so lächle ich gar nicht, sondern habe dazu nichts zu sagen. Er hat so vieles vorausgeahnt, wie sonst nur noch Nietzsche, wenn der gerade nicht gelogen hat. Ein großer und wie mir scheint, ein die Jahrzehnte überdauernder Mann.

Meinem Französisch habe ich mit vielen Grammatiken auf die Beine geholfen, schreiben kann ich das noch nicht, dazu müßte man wohl Kurse nehmen und einen Lehrer haben. Aber es geht viel besser, und nun verstehe ich beinah alles, auch in schwierigen Büchern. In einer Nummer des «Temps» fehlen mir nur noch etwa 20 Wörter.

Von Deutschland weiß ich nicht viel. Kommt der Kerl durch, dann hat er Glück gehabt – kommt er nicht durch, hat Europa Glück gehabt. Es ist *nicht* das Verdienst der andern, wenn er stürzt, es ist nur seine unfaßbare Dummheit. Immer stärker bis zur Gewißheit ist in mir: *det sind sie*. Es ist nicht wahr, daß das arme Volk unterjocht ist, daß sie es nicht gewollt haben, es ist nicht wahr. Die paar Beispiele der äußersten Charakterlosigkeit, die ich in Briefen bekommen habe, haben mir das nur bestätigt, überrascht war ich nicht. («Wir können nicht in zwei Richtungen denken» und, bis vor kurzem noch Generalmelodie: «So schlimm ist es gar nicht».) Die innere Akzeptation, vor allem auf Seiten der Juden, ist das ärgste. Jeder häkelt sich eine kleine Anschauung, wonach ihn das alles nicht trifft, und wonach seine innere Mitschuld, die in allen, allen Fällen vorhanden ist, nicht gilt. Ein jüdischer Ohrenarzt hat zu einer Christin gesagt, als die ihn fragte, wie er denn nach den Pogromreden noch da bleiben könne: «Aber, liebe gnädige Frau, das wird doch alles nur fürs Volk gesagt!» (Der Mann, der den Kopf zum Coupéfenster hinausstreckt, auf den Ruf, ob Herr Lehmann da sei, ein paar hinter die Ohren bekommt und grinst. «Sie grinsen noch?» – «Ich heiße doch gar nicht Lehmann.») Würde lernt sich nicht – man hat es, oder man hat es nicht.

Bleibt es, so haben wir da nichts mehr zu melden. Bleibt es nicht, so kann es nur abgelöst werden von andern, die das ja mitgemacht haben, die nur gewisse böse Formen ablehnen, und zu denen soll ich zurück? – Nach der Melodie: «Na, da sind Sie wohl froh, daß Sie das nicht mitgemacht haben? Was wir hier ausgehalten haben . . .» Oder, gröber, was durchaus im Bereich der Möglichkeit liegt: «Seien Sie froh, daß ich Sie nicht in meinem Konzentrationslager gehabt habe!» Und auf alle Fälle: «Na ja – aber diese alten Taktlosigkeiten hören nun auf – Sie *dürfen* hier bleiben, aber nur, wenn . . .» Ohne mich. Das ist aus und vorbei. Wobei einem dann immer, taktvoll, wie man sie hat, gesagt wird: «Wovon wollen Sie denn leben?» Als ob das ein Grund wäre, Dreck zu fressen.

Das also nicht mehr. Deutsche habe ich nicht gesehn, ich möchte auch nicht. Ich gehe ihnen systematisch aus dem Wege, hoffe, eines Tages die Paßfrage zu lösen, und verstehe leider auf Reisen gar kein Deutsch. Totalitär bin ich auch.

Stimmung in der Schweiz nach Wunsch. Echter Warenboykott (aus Überzeugung, nicht wegen Autarkie): Ablehnung der Kaufleute, was mir das wichtigste zu sein scheint («Deutschland als Vertragspartner existiert nicht mehr») – ich bin so skeptisch wie nur möglich, buche das aber. Die Angelsachsen, wie stets geneigt, das noch zu stützen, um den Kunden nicht zu verlieren. Bei dieser Gelegenheit: aus meinem Besuch in England ziehe ich keine Lehren, denn ich habe nichts gesehen und nichts sehen wollen. Es ist eine Gefühlssache, meine Ablehnung, die Schäumerei in den Leitartikeln will ich erst glauben, wenn das Foreign Office eine andere Politik macht. Baldwin alleine macht noch keinen Sommer – die Labour ist der letzte Dreck. Sie feiern heute noch ihren Henderson. Ich mag sie nicht – sie sind der Verderb Europas.

Frankreichs Linke von vorvorgestern, Barthou ein schlauer Routinier, vielleicht nicht ganz falsch. Wichtig: L'Ordre Nouveau, eine neue Doktrin, einer ihrer besten Männer, Dandieu, ist leider mit 36 Jahren gestorben. Hat ein herrliches Buch geschrieben *«La révolution nécessaire»*. Ich bin kein Moskaumann, eine Einladung nach dorthin habe ich abgelehnt. Was für uns noch kommt? Besinnung, wie mir scheint, aktives Eingreifen sehe ich nicht mehr. Mit der sog. Emigration habe ich gar nichts zu schaffen, ich finde das alles so ärmlich und dumm und mager. Jammervoll. Ohne Kritik im einzelnen, ich lese das kaum noch. Alles, was geschehen ist, ist ja ohne sie geschehen. Das begreift einer, der aktiv gewesen ist, sehr schwer. Goebbels tut den Leuten viel zu viel Ehre an – wie dumm ist er doch!

Kurz und toute réflexion faite: mit mir und denen ist es aus. Sie sind Rheinländer, und Sie denken also eleganter und liebenswürdiger. Ich bin zu stur, um mich zu wandeln, und ich will es auch gar nicht. Wüßte ich, daß mein Freund Karlchen, der letzten einer, mit denen ich noch etwas zu schaffen habe, mitmachte, so bräche ich. Er macht übrigens nicht mit. Aber es ist mir schon unangenehm, mit den Menschen zusammen zu sein – ich bringe das nicht mehr über mich. Dies ohne jede Ausnahme gesagt, sie fangen an, mir körperlich unangenehm zu werden. Ich weiß, ich weiß . . . aber ich mag nicht mehr.

Das wärs. Jean ist in Nizza – sie hat sich in Paris so taktvoll, so unendlich nett benommen, wir kennen doch die Französinnen, und sie ist gewiß keine strahlende Ausnahme. Aber sie hat mich gekannt, schwellend vor Geld, und nun heute – und nicht ein Achtelton ist anders. Das kann ich ihr nicht vergessen. Sollten Sie durch irgendeine Vermittlung ihr behilflich sein können, so täten Sie mir damit eine große Freude.

Das wärs, lieber Max, ich finde, im Gegensatz zu den brilligen Marxistinnen, diese Zeit mitnichten interessant, und es ist eine dumme und falsche historische Koketterie, sie als «unerhöört» zu nehmen. Wenn man ein bißchen Geschichte liest, sieht das ganz anders aus.

Schade übrigens, daß der Papst kein Katholik ist.

Werter Freund und Mitgenosse – gedenke noch oft der schönen Stunden, wo ich meine Inspirationen die Treppe heruntergebrüllt habe. Schade, schade, daß sie uns in diesem lächerlichen Lande geboren haben, das ja nun hoffentlich einmal auseinanderfallen wird. Wenn das geschehen sollte, so dürften wohl Ihre engeren Landsleute mit Brüning den Anfang machen. Das aber nur, wenn bei der Saar nicht die alte deutsche Sangtimangtalität durchbricht. «Eigentlich» ist ein sehr deutsches Wort.

Ich wünsche Ihnen [...] gute Nächte und helle Morgen. Max, uns haben sie falsch geboren.

Was die Anekdoten angeht, so wäre nur zu melden, daß Valentin gesagt hat «I sag gar nix – dees wird ma doch noch sagn dürfen!» und die von dem Mann, der an der Kaiser Wilhelm Gedächtnis-Kirche Flugblätter verteilt hat. Der Schupo: «Was machen Sie hier? Was? Zeigen Sie mal! Da steht ja nichts ... und auf der Rückseite auch nichts! Was soll denn das heißen?» – Der Zettelverteiler: «Die Leute werden schon verstehen.»

[...]

Ihr allzeit getreuer
Edgar
Collaboratör a. D.

27-7-34

Lieber Max,

ebenso prompt wie Sie möchte ich und ebenso hurtig antworten. Und zwar vor allem dies:

Lieber Max, daß in diesiger Zeit einer an einen denkt – also da schmilzt mein hartes Fischerherz. Ich danke Ihnen aller-allerherzlichst für Ihr Angebot, hoffe, es nicht annehmen zu müssen (vorläufig überhaupt nicht) und vermerke es eingegriffelt in meinem Gemüte. Ernsthaft: es widerstrebt mir durchaus, Ihnen Liebeserklärungen aufzuschreiben, aber das vergesse ich Ihnen nicht. [. . .]

Gratuliere zu Aachen. Meine Adoptivstadt Hamburg hat sich gleicherweise ohne Katholiken so gut gehalten. Jedennoch: ich nicht mehr. Es war zu viel.

Hamsun hat sich zu dieser Frage nie geäußert. Ich glaube nicht, daß er das mitmacht. Er ist politisch ahnungslos, aber das wohl doch nicht.

Unser Ilja Ehrenburg erteilt der ganzen Welt Zensuren. Jüdische Oberlehrer sind keine reine Freude.

Mensch, es gibt natürlich nur (bei allem Respekt vor guten Frauen, die wir ja kennen), wirklich nur Männerfreundschaften. Ich kann es auch heute noch nicht besser formulieren als damals: der Witz dabei ist, daß man sich die Hauptsachen nicht mehr zu sagen braucht. Bei Ihnen schätze ich mit vielen 10 000%, wie Sie die Verrücktheiten Ihrer Freunde respektieren, das ist beinah schon französisch. Man kann wohl überhaupt nur miteinander leben, wenn man nicht mit Plattfüßen in alle Gebiete hineinpatscht. Funken springen nur über Entfernungen. [. . .]

Ich lese viel und arbeite französisch und dann noch etwas, was mit Literatur gar nichts zu tun hat – aus Aberglauben möchte ich davon erst schreiben, wenn ich einen Erfolg sehe.

Aus Memoriam zu Ihnen habe ich die «*Landstreicher*» nochmal gelesen. Man kann sich ja nicht die Bücher verschmieren, man müßte alle Stellen mit einem Mal anstreichen. – «Ist dir schlecht?» fragte er. «Nein», sagte Eduard und erbrach sich. – Und so in infinitum.

Halten Sie nur ja in Ihrem Roman den langen Atem. Die Leute lieben das, und es entspricht auch dieser Literaturgattung. Nur nicht hurrehurrehopphopphopp, sondern – Flaubert, Storm, Tolstoi und nochmals Tolstoi als Vorbilder. Und nicht (mit Ausnahme der großen Szenen) den heißen Feueratem – Stufe auf Stufe, und legen Sie Pfennig auf Pfennig, dann wird das. Alle großen Werke sind geduldig.

Alter Mann, zur Zeit habe ich Damenbesuch, nett und freundlich, wir sprechen viel von Ihnen. Habe aber ordentlich gesagt, was Sie für ein treuloser Windhund sind. Es kann eben nicht jeder Friedrich heißen.

Von den deutschen Obbosidionellen höre ich gar nichts – ich fange statt dessen Quallen.

Mäxchen, wenn es mal regnet und Frau Edith schnurrt, dann schreiben Sie mal ausführlich von sich und denen opera und von allem

an Ihren alten und getreuen
Edgar

[. . .]

47

Lieber Max,

Dank für das Stück, das ich in einem Sitz abends durchgelesen habe, wie einen Kriminalroman, um zu wissen, «wies weiter geht». Item: Wird dieses Stück in einem aufnahmebereiten Deutschland aufgeführt, können Sie Ihr Vermögen verdoppeln.

Es hat eine Leichtigkeit, eine Anmut, Witz und Drolerie, einen seiner selbst sicheren Geschmack, der mit todsicherm Instinkt an den fettigen Stellen vorübergleitet, die jeder andere Autor hier hineingeschmiert hätte – es ist ganz entzückend. Wie stark es auf mich gewirkt hat, können Sie daraus sehn, daß ich, während ich es noch einmal durchblättere, beinah auf jeder Seite weiß, wo ich gerade bin, fast jede Einzelheit sitzt und hat sich mir eingeprägt. Das Auftreten Bernhardinens aus einer Muschel heraus ist einer der reizendsten Einfälle, die ich gelesen habe, das ist dichterisch und wirksam zugleich, was, wie Sie wissen – hélas! – nicht immer zusammenfällt. Hier fällt es zusammen.

Der Alte eine Figur, ein Kerl und eine Bombenrolle. Ich muß nachdenken, welcher Schauspieler wohl die letzte Szene spielen könnte – die rostige Stimme Klöpfers, die durch das Stück grölt und poltert, scheint mir dazu nicht fähig. Das muß ein Mann spielen, einer, der ausnahmsweise weich ist, weil er sonst seinen Mann steht. Sein letzter großer Ausbruch ist ganz großartig – weniger das, was er sagt, als das, was dahinter klingt. Wer soll das spielen – (jeder kann das spielen) – aber wer könnte das zu Ende spielen, vor allem diese eine Stelle, bei der ich (aber dafür möchte ich von Frau Edith nicht ausgelacht werden) einen kleinen Zahn voll geheult habe: «Ich danke dir, mein Kind, für alles – auch für den Schmerz, den du mir angetan hast . . .» Einer der schönsten Sätze, die Sie geschrieben haben.

Die von Ihnen erfundenen Geschichten des Alten sind so, wie wenn sie aus der Sammlung herausgenommen wären, natürlich sind sie das nicht – aber sie sind genau, genau in seinem Sinn.

Mein Lob ist vorbehaltlos – die nachfolgenden Anmerkungen resultieren mehr aus unserer alten Zusammenarbeit.

Der Schluß des 2. Aktes ist wohl bewußt nicht als Bravourfinale gemacht. Reicht er aus –? Das kann ich nicht beurteilen. Die Liebesszene zwischen Werner und Bernhardinen in ihrem Boudoir ist die einzige, bei der mein Herz nicht höher schlägt – aber der Mann soll wohl solche Gemeinplätze reden. Sonst sitzt das ganze Ding wie die allerbeste Maßarbeit: ich kenne Sie, und Ihre Art, zu arbeiten – es ist ganz ausgeschlossen, daß Sie die Fülle von Einfällen im ersten Elan geschrieben haben, das gibt es nicht. Also ist es gearbeitet – aber wie ist das gemacht! Es ist ganz fugenlos, man merkt keine Hilfslinie mehr, keine Fäden, an denen das aufgehängt war, als es im Bau war – es bewegt sich. Es lebt. Eine Stelle wie (S. 39): «Ich lüge zum ersten Mal in meinem Leben nicht» – «Sie sollen aber lügen, Herr von Münchhausen» ist allerbester Hasenclever vom feinsten Jahrgang. Die Logenszene ein einziges Entzücken an Grazie und Charme – das, mit Musik, geht einem ein wie Sauternes.

Würde ich, in der ersten Etage in H. sitzend, überkorrigieren sollen, so riete ich, das Wort «Scheiße» durch Entendreck zu ersetzen – ich weiß schon, Sie haben da an «Nur ungern» gedacht, aber es ist etwas hart. Seite 31 höre ich so: «Brünn, laß es bleiben. Du kriegst den Schnupfen. Wer hat nachher die Schererei? Ich.» Sonst kann ich den Bleistift weglegen.

Wenn das nicht aufgeführt wird und zwar nicht überall, dann sind die Theater noch verkommener als sie es meiner Meinung nach schon sind. Es kann überhaupt nichts geschehn – das erfordert keine besondern Kunststücke, keine besondern Schauspieler, das beleidigt keinen, das freut alle – es müßte mit dem Donner zugehen, wenn das nicht glückt. Die Stellen über Deutschland werden ein leises Rauschen im Parkett hervorrufen – es sind, was gar nichts mit Ihrer Leistung zu tun hat, die einzigen, mit denen ich nicht mitgehe. Die große geht noch an – «Möge es auferstehen im Geiste» – das ist wirksam, ein guter Wunsch. Sie glauben an das dahinterliegende Deutschland. Die zweite – «Deutschland ist Münchhausen» – riefe, wenn ich das Stück öffentlich kritisierte, einen Artikel von mir hervor. Deutschland ist Münchhausen? Vous voulez rire, Monsieur. Sie schildern den Mann mit richtigem Gefühl als einen gutmütigen Polterer, vor allem als einen Fresser, einen, der aus der Fülle lügt, nicht aus Not. Er ist verschuldet – aber er glaubt keineswegs, daß sich die Gläubiger gegen ihn verschworen hätten, und könnte er, er bezahlte alles zurück. Er ist kein Hysteriker, kein Feigling und kein Saurer. Er lügt, weils ihn freut, nicht, um jemanden zu belügen. Er ist *warm*. Ziehen Sie die Parallele. Ihr Gefühl ehrt Sie, und vielleicht haben Sie, wie immer die Dichter, für die Jahrhunderte recht. Für unsere Lebenszeit und für diese Generation da gewiß nicht. Aber dies nur nebenbei.

Für die Engländer, die ja die Figur kennen, ist das Stück sicherlich denkbar. Ich weiß nicht, ob die damals englisch erschienenen Erinnerungen in der englischen Literatur noch etwas bedeuten – wenn ja, haben Sie große Chancen, schon wegen des Kostüms und der netten Unaktualität. Ob es etwas für Franzosen ist, steht dahin. *Wenn* Sie an eine Übersetzung denken, ändern Sie den Namen, den kein Franzose über die Zunge bringt. Die entsprechende französische Figur heißt Monsieur de Crac.

Ceterum censeo: Das ist eine Meisterleistung. Um so größer, als ich ja weiß, in welcher Stimmung sie wohl stellenweise geschrieben sein mag. Nichts, aber nichts deutet darauf hin, die Wehmut ist echt, aber es ist eine Lebenswehmut, kein weinerliches Gesabbel eines armen Emigranten. Das Stück wirkt viel ernster, als man seinem Stoff nach denken sollte – man freut sich, aber es ist wirklich ein Schauspiel, keine Komödie. Es hat auch nicht die etwas hektischen Stellen, die mich – in den Jachtszenen – bei «Sinnenglück» etwas gestört haben, ich konnte da nicht ganz folgen. Hier ist der niederdeutsche Humor, die Grazie, der Witz und das echte Gefühl – I a. Ist «Frau Bachmann» eine Ehrung Ihrer berliner Haushälterin? Ich brauche das für die Biographie.

Gratulor, Plaudite, amici, Risum non teneatis – mehr Latein weiß ich nicht. Auf deutsch: Max, das hast Du großartig gemacht!

Sie haben neulich nach Hamsun gefragt. Also lieber Max, es ist bitter, aber wohl wahr: das scheint richtig zu sein. Ich werde einen schwedischen Artikel darüber bekommen und ihn für Sie übersetzen lassen. Es scheint, daß er sich *nach* dem 30. Juni *dafür* ausgesprochen hat. Es ist ganz und gar unbegreiflich. Wer in aller Welt hat das von ihm erwartet? Niemand verlangte, daß er etwa protestiert, mitmacht, sich beteiligt. Er, Ausländer des Daseins, wohnt auf dem Mond. Konnte er nicht das Maul halten? Er weiß doch von diesen Dingen überhaupt nichts. Er kennt Deutschland kaum, kann sicherlich nur ein paar Worte deutsch (er spricht englisch) – er ist überhaupt kein Politiker. Himmelarsch- und zwirn. Viel Enttäuschungen können mir hienieden nicht mehr begegnen, ich eskomptiere so viel Schlechtes – aber das da war eine, und sie hat gesessen. Ich hatte mir sein Altersbildnis besorgt, um es ins Schlafzimmer zu hängen – ich weiß nicht, ob ich das noch kann. Das wird ihm gleich sein, aber mir nicht. Ich habe allerdings aus seiner Biographie des hamburger Privatdozenten Berendsohn den Eindruck gewonnen, daß er, sobald er seine Werke verläßt, ein kleiner, etwas sauertöpfischer Provinziale ist, ein Zänker (merkwürdigerweise), kleinlich, übelnehmerisch und gar nicht der große Mann. Aber das da –! Er darf reaktionär sein, von mir aus – aber das da! Der Schwede, so oben erwähnt, sagte mit Recht, das Erstaunliche daran sei der Mangel an Instinkt. Wie ist das möglich –! Mich hat das niedergedonnert.

Zum Schluß eine Kleinigkeit, die Sie interessieren kann. Es gibt da in der französischen Literatur ein Sonett, das Sie sicher kennen, es ist sehr bekannt. Es ist von einem gewissen Arvers (erste Hälfte des neunzehnten), und das Merkwürdige ist, daß der Mann nur mit diesem einen Sonett auf die Nachwelt gekommen ist. Ich lege es Ihnen bei. Wenn Sie es nicht gebrauchen können, werfen Sie es ruhig fort – Sie finden es jederzeit in jeder französischen Literaturgeschichte wieder. Es ist, bis auf die dreimalige Wiederholung des «fait», auch in der Form vollkommen. Ich schicke es Ihnen, weil sich darin etwas bewegt.

Das ist zwar kein Dramenstoff, aber es ist wie der Zug aus einem Stück, es ist irgend etwas wie ein zu verwertender Einfall. Es könnte möglich sein, daß das in Ihnen fortarbeitet.

> Mon âme a son secret, ma vie a son mystère:
> Un amour éternel à un instant conçu.
> Le mal est sans espoir, aussi j'ai dû le taire,
> Et celle qui l'a fait n'en a jamais rien su.
>
> Hélas! J'aurais passé près d'elle inaperçu.
> Toujours à ses côtés, et pourtant solitaire,
> Et j'aurais jusqu'au bout fait mon temps sur la terre,
> N'osant rien demander et n'ayant rien reçu.
>
> Pour elle, quoique Dieu l'ai faite douce et tendre,
> Elle ira son chemin distraite et sans entendre
> Ce murmure d'amour élevé sur ses pas;
>
> A l'austère devoir pieusement fidèle,
> Elle dira, lisant ces vers tout remplis d'elle:
> «Qu'elle est donc cette femme?» et ne comprendra pas.

Womit einen schönen guten Tag zu wünschen ich die Ehre habe. Gut Nizza! Gut Edith! Gut Roman!

Allemal Ihr getreuer
Edgar

26–9–34

Lieber junger Freund,

[. . .]

Mit unserm Freund Hamsun ist es leider sehr übel. Er macht da einen Klub dafür und benimmt sich überhaupt wie ein Verrückter. Geld –? Ich kann es mir nicht erklären und bin mehr als betrübt darüber. Lieber Gott, als ob wir so viele hätten!

Den Entendreck werde ich gebührend mikroskopieren.

Es freut mich, daß Sie die Sache nun auch für «aus» halten. Ich weiß nicht, woraufhinauf unsere Freunde aus den Caféhäusern Morgenluft wittern. Ich wittere keine – übrigens auch dann nicht, wenn es umfällt. Für mich ist in diesem Stück nie mehr eine Rolle. Amen.

Ich bin sehr fleißig – vor allem im Französischen. Es geht nun doch besser. Ich werde es nie schreiben können – aber in der Aufnahme habe ich nun bloß noch für die Verse Schwierigkeiten. Unüberwindlich ist das. Übrigens habe ich vergessen, zu sagen, daß mich die *Prosa* Péguys so begeistert. Sie finden bei der N.R.F. einen Auswahlband «*Morceaux choisies*», die große Ausgabe gibt es nur in Bibliotheken. Selbe ist ein einziges Entzücken.

Max, uns haben sie falsch geboren. Gott segne Ihre Aktivität!

Die Nazis haben in Schweden bei einer Wahl im ganzen 8600 Stimmen bekommen, das ist ein Trost.

Daher umarme ich Sie ergebenst und bin

Ihr getreuer
Edgar

7–10–34

Lieber Max,

meinen Schrieb mit der Frage, ob ich meine Bemerkungen über Ihre Arbeit *jetzt* schicken soll, werden Sie ja wohl bekommen haben. Dieser Brief hier enthält nichts Eiliges, nichts, was uns beide betrifft – auch will ich Sie gewiß niemals in Ihrer Arbeit stören. Lesen Sie das alles, wann Sie Lust und Zeit haben – was ich hier schreibe, kommt aus dem mit Verlaub zu sagen Bedürfnis, mich mit Ihnen auszuquatschen. Jetzt gehts los.

Anbei ein Pröbchen aus meiner schwersten und schmerzlichsten Enttäuschung der letzten Jahre. Das ist nur ein Steinchen aus diesem Bruch, es gibt mehr und schlimmeres. So geht das schon seit langer Zeit – und viele norwegische und schwedische Kritiker haben ihm das auch zum 75. bescheinigt. Die Kümmerlichkeit der deutschen Version entspricht, soweit ich das kontrollieren kann, der Kümmerlichkeit des norwegischen Originals. Es ist keineswegs so, daß dem Mann ein jüdischer Kaffeehändler in Oslo über die Leber gelaufen ist – dies ist viel schlimmer. Ein solches Maß von tierisch-dumpfer Dummheit, von Niedrigkeit und Uninformiertheit, von Rundfunkgehirn ... also, lieber Max, Sie haben ja, wie ich denke, auch schon einmal einer geliebten Frau nachgetrauert, und Sie wissen, daß man dann ja im Grunde sich selbst nachtrauert. Die ganze Liebe, die ich in diesen Mann seit zwanzig Jahren gelegt habe, ist fort. Das Werk besteht, natürlich. Aber die rot angestrichene Stelle, die ironisch gegen den Diskussionsgegner und ernst als Ganzes gemeint ist, die die Worte des Herrn Paasche, die der gegen Hitler gebraucht hat, nun gegen das Deutschland wendet, dem wir angehört haben –: das ist zu viel. Ich habe seine Bilder von den Wänden genommen, ich mag ihn nicht mehr sehen, und seine Bücher kann ich nun für lange Zeit nicht mehr lesen. Maßen ich nämlich meine:

In dieser Frage kann es für uns nur eine eindeutige und klare Entscheidung geben. Ich sehe ganz ab von allen politischen Erwägungen, und ich frage mich immer nur eines: Was wäre mit uns beiden geschehen, wenn sie uns gekriegt hätten? Wir haben beide genug Phantasie, um uns das genau vorzustellen. Standrechtliche Erschießung? Man kann nicht verlangen, daß ich dazu Beifall klatsche, aber das wäre schließlich eine Maßnahme, über die man diskutieren kann. Aber sehen Sie sich, mein Lieber, in einem solchen Lager? Ich mich sehr genau. Und nun meine ich:

Wer das bejaht, der faßt mich, entschuldigen Sie schon, an die Menschenwürde. Und da mache ich nicht mehr mit.

Der Herr Hamsun wird es ja wohl überleben, daß ich ihn nicht mehr mag – sicherlich. Ich brauche aber einem alten Svedenborgianer wie Ihnen nicht zu sagen, daß es bei einem Unglück immer und vorwiegend auf die geistige Haltung ankommt, die man einnimmt – die zieht Kräfte an. Und ich für meinen kleinen Teil, dessen Reichweite ich sehr genau kenne, sie ist nämlich heute null, ich für meinen Teil also lehne jeden, aber auch jeden ohne Ausnahme radikal ab, der das bejaht, der dort mitmacht, ja, schon den, der dort leben kann. [. . .]

Dieses harte Herz bewahre ich mir, ohngeachtet ich diese Sache da für stabil halte. Sie wissen: Prognosen sind immer eine faule Sache. Nun, ich schäme mich keineswegs, mich von Ihnen in zwei Jahren auslachen zu lassen, wenn inzwischen weiß Gott was passiert ist, was uns freuen könnte. Ich habe in den letzten Jahren viel gelesen, und gar nichts aus Deutschland, sehr wenig über Deutschland und so gut wie nichts von der Emigrationspresse. Ich habe Geschichte gelesen, Philosophie und etwas Soziologie, etwas in der Richtung Pareto, wenn Ihnen das etwas sagt. Und glaube so:

Das, was dort geschieht, entspricht zum Teil den tiefsten Instinkten des deutschen Volkes. Hitler hat recht, wenn er sagt: Die Opposition bei der letzten Abstimmung weiß nur, was sie nicht will, aber weiß nicht, was sie will. Der Mann hat, wie mir der zürcher Theologe Ragaz einmal gesagt hat, «eine Leere besetzt». Fällt er, so ist nichts andres da. Der Sozialismus? Daß i net lach. Wer die materialistische Geschichtsauffassung als «nicht idealistisch» ablehnt, ist genau solch ein Esel wie ein beschränkter Materialist; diese beiden Anschauungen (nur rosenrot und nur Bankkonto) sind einander wert. Man muß diese Lehre Marxens passiert haben, man muß sie teilweise und kritisch anzuwenden verstehn. Als Religionsersatz ist sie fürchterlich.

Das, was dort geschieht, ist im tiefsten deutsch. Von Tacitus bis heute über Luther hinweg finden sich erstaunliche Belege – die Parallelen bei [. . .] dem Luther sind geradezu merkwürdig aktuell. Und ich sehe so, und wenn ich denke, daß ich mich öffentlich nur ein Mal, vor dem Kriege, in der Frage des Kinos, grundlegend geirrt habe, und daß ich 1918/19 in meinem Kopf nicht richtig verstanden habe, was vorging, daß ich aber sonst kaum danebengehauen habe, so traue ich mich schon. Item:

Das hält sich, obgleich es pleite ist. Die Verfilzung der Koofmichs ist viel zu groß, als daß es sich nicht hielte. Glückt es, dieses System zu halten, bis Japan soweit ist, so ist Rußland geliefert. Was ganz vergessen wird, ist die Tatsache, daß das bedeutsamste historische Geschehnis unsres Jahrhunderts, nämlich daß die Japaner auf das asiatische Festland herübergeklettert sind, auch dann erfolgt wäre, wenn in Rußland der Zar herrschte. Japan hätte dem zaristischen System den fernen Osten genauso abgenommen, wie es den Bolschewiki den fernen Osten abnehmen wird. Nun regieren aber heute die Stalinleute, und so bekommt die japanische Intervention einen innerpolitischen Akzent, der künstlich aufgeklebt wird. Nicht nur, daß die weißen Russen emsig mitmachen. Sondern eine Niederlage der Russen im fernen Osten, die ich für unabwendbar halte, ist zugleich eine Niederlage der bolschewistischen Idee. Hunderttausend Arbeitgeber werden aufatmen, alle jene, denen die Existenz der Sowjets ein Albdruck ist. Und hier liegt die Bündnismöglichkeit für etwas, was dann als Kreuzzug ausgegeben wird. Polen, Ungarn, ein Teil des Balkans — Deutschland ist in der richtigen Gesellschaft. Und schlägt es in dem Augenblick zu, wo die Russen in Wladiwostok, das sie aus dummer Eitelkeit nicht heute räumen, Krieg führen müssen —: dann ist das gar nicht so ausgeschlossen, daß Adof I. in Moskau einzieht — unter dem ungeheuern Jubel einer Welt. Es ist ein Irrtum, zu glauben, daß dann eine Weltrevolution ausbricht — das glauben nur die in den Caféhäusern. Es bricht sich gar nichts. Die paar Schüsse, die auf den pariser Boulevards knallen, werden rasch erstickt werden — schließlich kann die französische Regierung dann nicht ganz zu unrecht sagen, daß sie es für keinen Grund zum Bürgerkrieg ansieht, wenn andere Mächte gegen Rußland Krieg führen, besonders dann kann sie es sagen, wenn sie aus dem Spiel bleibt. Und das wird sie tun. Aber nicht fühlen, daß sie das nächste Opfer der Deutschen sein wird. Und die hier und da aufflackernden Unruhen finden bald ihr Ende. Ave, Moskau.

Ich bin kein Bolschewik, und doch empfinde ich das Ende dieses russischen Baus als etwas Tragisches und Schreckliches. So sehr man kritisieren kann, sogar was den Fond angeht, so sehr man davor warnen kann, eine Wiederholung des Experiments Peters des Großen nicht für etwas Revolutionäres zu nehmen, weil es ja in der Tat nur die kollektive Einholung der letzten in Rußland versäumten hundertundfünfzig Jahre ist, während für uns noch eine Gummischuhfabrik und noch eine und noch eine nicht das Heil bedeutet —: es ist und bleibt etwas Furchtbares, daß es diesen Kommißstiefeln gelingen soll, das kaputtzuschlagen, um was zu machen –? Eine miese, korrumpierte Militärbürokratie – jeder Deutsche ein Aassessor! Das ist schrecklich.

Es geht hier die Mär um, Adof wolle eine Koburg-Gothaerin heiraten. Das ist recht gleichgültig – nicht gleichgültig ist, daß die Welt solche Dinge nicht so auffassen wird wie wir, die wir wohl beide glauben, die Kaiserwürde (falls es so etwas noch gibt) verliere genauso viel dabei, wie Adof dabei zu gewinnen glaubt. Aber für unmöglich halte ich das alles nicht. Und vor allem glaube ich, daß hinter dem jetzt heruntergelassenen Vorhang, wo man nur un bruit de bottes ... de bottes hört, ein Stück vorbereitet wird, das großen Applaus vor einem feineren Parkett hat – und leider auch vor der Galerie des völlig verrotteten Kleinbürgertums aller Länder. Das wird eine großmächtige Premiere.

Über die Deutschen kein Wort mehr. Die vagen Proteste des Protestantismus beruhen auf einem Irrtum: die beiden Kräfte gehören viel mehr zueinander als beide ahnen – und abgesehen von einigen übereifrigen Beamten, die ihre Stellung gefährdet sehen, ist der Kampf, der da geführt wird, inkonsequent. Ein Protestant muß, seinem Glauben nach, Staatsanbeter sein. Daß die Katholiken mitmachen, von denen mir unser eingesperrter Freund einmal im Dome von Würzburg gesagt hat: «Schade, daß die deutschen Katholiken seit dreihundert Jahren protestantisch sind!», daß die Katholiken mitmachen, ist geradezu pervers. Gott segne diesen Papst!

Die Jugend aber, die Mädchen, viele junge Leute, sind trotz aller Kritik, trotz der Enttäuschung, trotz vielen Wenn und Abers für uns völlig verloren. Wir sind denen gegenüber ci-devants, ich für meine Person habe damit gewiß gar nichts mehr zu tun. Und wenn das fällt –: wäre denn das ein Fortschritt, wenn sich das ganze Land, waren- und kredithungrig wieder mit den amerikanischen Banken einließe? Das wäre also das, wofür wir gekämpft haben? Wohl nicht ganz. Die prophetischen Worte unseres Freundes sind richtig (geschrieben im Januar 33): «Ob diese Partei die Macht erringt oder nicht, ist gar nicht so wichtig. Was sie angerichtet hat, wird für lange Zeit bestehen bleiben.» Das ist richtig. Es ist ein Irrtum, zu glauben, daß die politische Form, unter der ein Volk lebt, die Quintessenz seines innersten Wesens ist – das ist sehr selten. Sie ist nur der Ausdruck dafür, was es erträgt. Und schlüpfen die inneren, anonymen Kräfte einer Nation in diese Form, dann lebt diese Form eben, dann ist sie organisch angewachsen, dann ist dazu nichts mehr zu sagen. Man stellt sich nicht unter einen Kirschenbaum und fleht ihn an, Äpfel zu tragen. Man kann sie abpflücken, die Kirschen, oder hängen lassen – aber kritisieren kann man nicht. Das hilft nicht.

Die Leute, die Sie sicherlich sprechen, und die Ihnen (ich kann diese Dialoge auswendig und führe sie deshalb nicht mehr), die Ihnen also erzählen, so sei das alles nicht, sehen immer nur die 54, die ins Büro fährt. Das Land ist auf einer Bahn, einer schrägen, aufwärts oder abwärts, die aus den Gefilden herausführt, in denen wir aufgewachsen sind. Die Welt, der wir angehört haben, ist tot. Man muß das mit Anstand zu tragen wissen.

Schreib auch mal! – Sie heißen, wenn verschnupft, Bax. Ich heiße

Edgar

Die Nobelpreis-Aussichten für jenen scheinen vorhanden. Ich habe kräftig nachgestoßen.

14–10–34

Lieber Max,

Tack für die Bostkatze vom 9. (Lieber keine offenen Karten in dieser Sprache direkt. Man hört so mancherlei.) Es scheint also, daß mein Brief mit dem Vertagungsvorschlag nicht verloren gegangen ist – um so besser.

Was ich über U. geschrieben habe, streiche ich also wieder durch – es tut mir leid, daß ich diesem Gerücht Glauben geschenkt habe. Seine Literatur ist mir immer sehr unangenehm gewesen, aber wenn seine Haltung so ist, wie Sie sagen, so muß man das anerkennen.

Ihr durchlebt ja da unten jetzt heiße Tage. Ich enthalte mich allen brieflichen Kommentars, nur so viel: ich halte die kommende Einführung des Frauenstimmrechts für eine schwere Dummheit. Das Stimmrecht ist heute so sinnlos geworden wie etwa eine Generalversammlung einer Aktiengesellschaft, dort wird nichts beschlossen, was nicht eine kleine Gruppe wirklich Mächtiger will. Alle diese sogenannten «demokratischen» Einrichtungen dienen heute nur dazu, den herrschenden Finanzklüngeln Gelegenheit zu geben, sie seufzend und unter vielen Kosten zu umgehen. Aber umgangen werden sie. In Frankreich wird eine Verstärkung des katholischen Einflusses durch die Weiber kommen – und wo die curés stehn, wissen wir ja. Leider nicht auf Seiten Christi, sondern auf Seiten Finalys. Amen. [. . .]

Ihr getreuer
Edgar

Lieber Max,

Dank für Ihren Schrieb vom 22. 10. Die zweite Adresse, die ich manchmal benutzen werde, ist notiert.

Daß Ihnen Italien nicht gefallen hat, war ja zu denken. Italien, diese
dekorative Pleite, hat jetzt in Frankreich eine wunderbare Presse, warum, wissen Sie ja. Es ist ein Jammer. Dieses ganze Europa hat so etwas Verkotztes, Verlogenes, wie lange nicht. Vielleicht haben wir
es nur früher nicht so gesehn.

Was macht die Arbeit –? Schreib auch mal.

Anbei eine Parodie auf das neulich geschickte Sonett. Das alles nur
zum Spaß und als Anregung – oder Babbierkorb.

Na, da lassen Sie auch mal von sich hören!

Mit Achtung
Hochdero
Edgar

Mon âme est sans secret, ma vie est sans mystère.
Mon amour banal fut comme un autre conçu.
Le mal est réparé: pourquoi donc vous le taire?
Celle qui me l'a fait l'a tout de suite su.

Non! Je n'ai point passé près d'elle inaperçu,
Toujours à ses côtés et jamais solitaire,
Et j'aurais jusqu'au bout fait mon temps sur terre
N'ayant rien demandé, mais ayant tout reçu.

Pour elle, qui n'est point très douce, ni très tendre,
Elle suit son chemin et se fiche d'entendre
Un murmure d'amour élevé sous ses pas.

A l'austère devoir constamment infidèle,
Sans avoir lu ces vers où je n'ai rien mis d'elle:
«Mais, c'est moi!» dira-t-elle, et ne comprendra pas.

Jules Renard

Lieber Max,

[. . .]

Sie haben neulich gefragt, warum ich solche Briefe, wie ich sie an Sie schreibe, hier nicht publiziere. Nun, erstens ist mein Mitteilungsbedürfnis gleich null, und zweitens: Sie überschätzen Schweden. Ich wüßte nicht, wer das hier drucken sollte. Sehen Sie, hier ist vorherrschend die Idee des *Monopols*. Jeder hat eins, und der Staat hat deren mehrere – darauf sitzen sie, und wehe, wer das antastet. Sie sind nicht faschistisch, aber das hindert nicht, daß sich gegen die Möglichkeit der Zulassung des Gynäkologen Z [. . .] 1000 (in Worten: eintausend) schwedische Ärzte gefunden haben, die da sagten, es gebe doch auch genug schwedische Ärzte . . . Worauf Herr Z [. . .] (der übrigens nicht der beste Bruder ist) verzichtete. Sie sind satt hier und von einer recht aufdringlichen Bescheidenheit. «Schweden ist doch ein kleines Land . . .» Und im Augenwinkel: das aller-allerbeste. Nein, hier nicht.

Daß Sie die Prosa liegen lassen, halte ich für glücklich und gut. Ihr Kunstgeschmack ist viel zu fein und kultiviert, als daß Sie nicht merkten, was da los ist. Das schließt ja nicht aus, daß dergleichen reift – ich halte das für möglich. Auf diesem Gebiet ist mit Arbeit sehr viel zu machen. Was ist mit «*Münchhausen*»? Ich fürchte, die Theaterdirektoren spielen «Hannemann – geh du voran!» und wenn der berliner Erfolg nicht da ist . . . Die machen doch nichts, sie machen nur alles *nach*. Ich halte es für ausgeschlossen, daß ein Stück wie «*Amphitryon 38*» von Giraudoux jemals in Stockholm aufgeführt werden würde, wenn Paris nicht voranginge. Dazu sind die Thespisse viel zu feige. «Sie haben», wie Speyer von Ullstein sagte, «nicht einmal die Sicherheit ihres schlechten Geschmacks.» Amen.

[. . .]

Was mich für mein Leben von diesen Sachen entfernt hat, ist nicht diese oder jene politische Einzelheit. Es ist etwas andres.

Die Welt, für die wir gearbeitet haben und der wir angehören, existiert nicht mehr.

Wie diese toten Demokratien die Schandtaten, die da überall geschehn, aufnehmen, richtet sie. Abgesehen von der häßlichen Formulierung bejahe ich diesen Satz aus dem «*Gänsemännchen*»: «Es geht nicht ums Können, Daniel Nothafft, es geht ums Sein.» Daß diese Kerle so *sind*, daß sie das ertragen können; daß man – genau wie bei den deutschen Juden – einen Boykott, der dann doch nichts Rechtes wird – erst vorschlagen und organisieren muß, statt daß er spontan entsteht –: alles das ist so, wie wenn man unsereinem erst sagen müßte: «Da faßt einer Ihrer Frau an die Beine, sie wehrt sich – nun müssen Sie hingehn und das verhindern.»

Wenn man das erst sagen muß, muß mans nicht mehr sagen. Hier ist etwas tot – es ist aus.

Mit den Rußlandfreunden ist nicht zu rechten. Mystisch wie die ersten Christen und orthodox wie die alten Juden leben sie ihrer Doktrin; sie wissen es ganz genau, was «richtig» ist, und sie haben schon längst gesiegt, die andern wissen es nur noch nicht. Das muß, wie schon bei Sorel zu lesen steht, zum Türken-Fatalismus führen, und es führt auch dazu. Sie haben keine Achtung vor dem Lebendigen, sie wissen gar nicht, was das ist. Radek ist eine sophistische Leiche, [...] Sonst dominiert sein Verstand, dieser schreckliche, nach Bocksleder riechende Verstand, mit dem man nicht mal Dampfmaschinen konstruieren kann, denn die kommen aus der Intuition, wie jeder große Techniker weiß. Aber wir sind wohl Lyriker unser Leben lang, und die andern haben «recht».

Sicherlich macht Deutschland eine gute Außenpolitik. Daß ein so kluger (und meist nichts als kluger) Mann wie Kurt Hiller sagen kann, in ein paar Monaten werde auch der dümmste Nationalsozialist die Erfolglosigkeit der Außenpolitik Adofs sehn, ist gewiß belanglos – aber wie kann man! Es stimmt doch gar nicht. Sie schlagen mit der Faust auf den Tisch, der Tisch ist keineswegs bezahlt, aber sie dürfen Rechtens sagen: «*Das* ist die Sprache, die die Welt versteht!» In jener großen Aussprache, die in Genf oder anderswo auf Betreiben der Engländer 1935 zustande kommen wird, haben die Deutschen alle Trümpfe in der Hand. Meine schwerste Enttäuschung ist Frankreich.

Daß sich die Franzosen im einzelnen, besonders deutschen Spitzeln gegenüber, in den Teilen, wo das, was man früher «Linke» nannte, dominiert, anständig benehmen, glaube ich wohl. Aber im großen ganzen... Das konnte wirklich, verzeihen Sie den Kalauer, Hitler nur einem Goi erzählen, was er da erzählt. Ich hätte nie geglaubt, daß die demagogische Schmetterphrase, «Die alten Frontkämpfer müssen die Versöhnung in die Hand nehmen...» in Frankreich jemals Erfolg haben könnte. Nun, Sie sehn ja... Das Mißverständnis ist vollkommen. [...] Aber die Frage ist doch gar nicht, ob in den Konzentrationslagern Leute zu Tode gefoltert worden sind, so optimistisch bin ich schon lange nicht mehr, sondern die Frage ist doch für Frankreich die: Ist Deutschland ein ernsthafter Partner, dem man vertrauen kann? Man kann ihm nicht vertrauen. Jetzt zappeln sich die armen Franzosen nach Bundesgenossen ab, lügen sich immer wieder vor, die Engländer gehörten dazu, die Engländer, die im allertiefsten immer noch eine größere Bindung zu Deutschland verspüren als zu Frankreich – und die Franzosen merken nicht, wie sie langsam, aber sicher zu einer Macht zweiten Ranges herunterrutschen. Kein Wunder: so zentripetal kann man eben nicht Außenpolitik machen. Es interessiert doch die Franzosen viel mehr, was Herr Dupont zu Herrn Durand gesagt hat als ganz Europa zusammen. Es ist, wie wenn sie ihren Instinkt verloren haben. Ich habe ja gar nichts gegen Kompromisse – aber was ich Ebert, Theodor Wolff, Laval, Briand, Baldwin und allen vorwerfe, ist, daß sie gar keine Kompromisse machen. Das sind keine Kompromisse. Es fehlt nämlich das, was man für seine Nachgiebigkeit einhandelt. Nach Hause kommen und sagen: «Ich habe diesen Punkt aufgegeben und jenen – jenen und diesen – *aber* ich habe heimgebracht . . .» das ist ein Kompromiß. Das andere ist Hosenscheißerei und eine Niederlage. Ich hatte mir mal erlaubt, das zu benennen: Judas ohne Silberlinge.

Lieber Max, wir haben uns mal in Lavandou die Russenkolonie angesehn. Keineswegs «wußte ich schon damals» . . . das wäre nachträgliche Lügenkorrektur, wenn ich das behaupten wollte. Aber ich weiß noch, daß ich ein merkwürdiges Gefühl hatte – nicht mehr, keine Voraussicht. Es war, wie wenn da alles aus Schlacken und Asche gebaut war. Ich meine nur.

Und was mich besonders an Sie bindet, in dieser Sache bindet, ist zweierlei: Erstens Ihre absolute Unnachgiebigkeit und zweitens Ihre Ruhe.

Ich verabscheue nichts so sehr, wie diese literarische Gesinnungspolizei, die jeden andern genau auf den Rrrradikalismus prüft. Unser Radikalismus sitzt ja ganz anderswo. Aber daß Sie eine gewisse und Ihnen gut stehende rheinische Liebenswürdigkeit nicht auf diese Schweinerei anwenden, daß Sie *unbedingt* ablehnen –: das erfreut mein Herz. In diesem Zusammenhang: genau, wie es mich erfreut, zu hören, daß Ihre Schwester dort nicht mehr ist. Ich habe da nicht zu kritisieren, ich kenne doch den Mann überhaupt nicht – aber ich hatte immer so ein Gefühl, bevor ich das wußte: «Sie kann es also aushalten – hm –» und nun weiß ich, daß sie es eben nicht kann, und das finde ich ganz famos. Und daß Sie nicht gesonnen sind [. . .], das zu «erklären», sondern aus dem tiefsten Grund Ihres Wesens abzulehnen und zu verachten – das, mein lieber Max (folgt eine längere Liebeserklärung, die mit Rücksicht auf Frau Edith gestrichen ist).

Das andere ist, daß Sie nicht «Chaos» prophezein. Ich halte das für übermenschlich dumm. Es chaost sich gar nicht. Was nun kommen wird, wird eine Reihe übler, *lokalisierter* Kriege sein, an die man sich rasch gewöhnt, zu denen man seine Reporter hetzt, Gas- und Bakterien-Angriffe, gewiß, ein schönes Thema für Fernfotos, aber Schiffe gehn unter, Kontinente mitnichten. Was längst untergegangen ist, ist gar nicht Europa, ein dummes Wort, sondern unsere Welt.

Über Furtwängler absolument d'accord. Ich schrieb Ihnen wohl das himmlische Wort einer Freundin: «Umsonst geleckt». Das paßt auf so viele.

[. . .]

Aber die Menschen lernen nichts, und nichts dümmer als diese dümmliche Idee vom «Fortschritt», der allgemein mit Wasserklosé verwechselt wird. In Schopenhauers Eristischer Dialektik findet sich schon alles, was jetzt in Deutschland getrieben wird – und diese kleine Abhandlung ist nur eine Wiederholung ganz alter Prinzipien. Ich für mein Teil kann dem nur noch zusehn.

Der Nobelpreis war für mich nur eine Überraschung – daß ihn unser Freund nicht bekommen hat, war ja vorauszusehn. Aber daß man solche Mißerfolge haben muß, wie dieser nicht ganz unspekulative Henderson, solche hohen Einnahmen aus seinem «Idealismus», so viele falsche Prophezeiungen, solche Schlemiehlhaftigkeiten . . . das habe ich nicht gewußt. Es ist alles ein Pack. Gott segne Großbritannien. Das ist keine Manie von mir, lieber Max, ich sehe nur, was mit dieser Politik angerichtet wird. Kennen diese Leute die Deutschen nicht? In diesem Poker wird doch zunächst nur geblufft, aber das Geld, das sie damit gewinnen, ist kein Bluff, sondern Realität. Jeder Kenner weiß, daß die deutsche Reaktion im Innern andauernd zu schlagen war: 1918; nach dem Kapp-Putsch; noch damals als Severing abging – daß sie dann weiter zu schlagen war, wenn die Engländer 1933 gesagt hätten: Nein – nie – mit euch nicht. Aber zu dieser Entschiedenheit hatten sie sich nur einmal aufgeschwungen: als es galt, die Republik fallen zu lassen. Da waren sie tapfer. Gott segne sie.

[. . .]

Ihr
Edgar

Und 1 gutes neues Jahr tout-de-même!

25–1–35

Lieber Max,

ich danke Ihnen recht herzlich für Ihren letzten Schrieb und auch Frau Edith für ihren vorletzten. Ich schreibe Ihnen noch ausführlich. Bitte geben Sie mir etwas Zeit – ich mag an Sie nicht so schreiben wie an irgend jemanden, und für einen ausführlichen, langen und dicken Brief langts zur Zeit nicht. Ich hoffe, Ihnen bald besser schreiben zu können. Darüber noch ganz genau.

Was die Bolletik angeht, nur soviel:

«Am Ende», sagt Fontane einmal, «ist doch alles gerecht.» Nun, wenn da gerecht soviel heißt wie juste, nämlich nicht nur gerecht, sondern auch richtig, dann stimmts schon. Die wollen das so, und sie brauchen das, und soweit klappt es auch. Die Saarboches, und die Herren Engländer, über die ich keine Schimpfwörter mehr weiß, und die Franzosen, die Gott geschlagen hat, denn die armen Hunde fallen doch eines Tages dabei herein. Zur Zeit verlieren sie den nächsten Krieg, vielleicht ohne ihn je zu führen. Das gibts. Aber das kann ihnen jeder sagen, nur unsereiner nicht – diese Position ist nicht zu halten. Ich kann schweigen.

Wenn ich das Mäu wieder aufmache, dann solls ein langer herzlicher Brief an Ihnen sein. Max, muß ich noch alle Briefe vernichten? Ich tus ungern.

[. . .] allemal Ihr
Edgar

10–2–35

Hochgeschätzter Max,
Tack för Ert brev vom 6. hujus. Ich will ihn gleich wenn auch nicht beantworten, so doch seine Ankunft anzeigen. Sie schreiben viel besser Maschine als ich – ich habe mir, da es bei Manuskripten nicht so darauf ankommt, eine maßlose Schluderei angewöhnt, die ich nicht mehr los werde. Es geht alles mächtig fix, aber nachher ist es nicht so sehr sauber. Ich gratuliere Ihnen *sehr* zur Maschine. Übrigens habe ich beinah immer alles lesen können, was Sie geschrieben haben.

Nizza charakterisieren Sie genau, aber genau so, wie ich es stets gesehn habe. Es muß fürchterlich sein. Sicher ist es in den kleinen französischen Provinzstädten besser, aber ich kann mir denken, daß Sie es da nicht aushalten. Übrigens geht etwas in Frankreich vor, was mir merkwürdig bekannt vorkommt. Man muß nicht immer Parallelen zu Berlin ziehen, jedes Land macht seines. Aber die Sprache, die der de la Rocque führt, die Schlappheit und Schlaffheit des Parlaments . . . alles das zeigt, wohin das geht. Ses vertues sont d'hier, ses défauts d'aujourd'hui. Es ist sehr, sehr bitter. Aber nicht mehr meine Sorge.

Über Nase und alles andere kommt ein ausführlicher Bericht, wenn es mir besser geht, was ich kaum noch erhoffe; nur noch in einer Ecke der Nase glimmt ein Hoffnungsfünkchen.

London? Ich sehe Sie dort – lachen Sie nur – eines Tages gut verheiratet. Und ich gratuliere sehr herzlich.

Daß unser blonder Freund etwas gefunden hat, freut mich von Herzen – bitte grüßen Sie ihn und die Frau recht sehr!

Was ihn anbetrifft und was Paule anbetrifft, die Sie ja beide vielleicht sehn: meine Adresse ist natürlich Zürich. Ich habe Paulchen nie etwas anderes geschrieben, und ich möchte nicht (Sie kennen ihn ja aus «*Kulissen*»), daß er schreit: «Ha, Verrat! Mir vertraut er nicht!» Na-

62

türlich vertraue ich ihm, ich habe das aber ganz stramm durchgehalten. Machen wirs weiter so. Möglich, daß durch ein dummes Versehen eines Schweden in Paris etwas durchsickert, aber ick dementiere mir einfach durch den Poststempel. Also, allen gegenüber soll es dabei bleiben: Schweiz. Manchmal Paris.

Im übrigen zeigt das Barometer:

Der Sozialismus, der den Arbeitern viel Gutes gebracht hat, hat in dieser Form seine Rolle ausgespielt. Eine kommunistische Gefahr für Europa gibt es nicht mehr. Die Trümmer sind nur ein Anreiz für die kräftig erwachte Unternehmerschaft und die kleine Bourgeoisie, die sich, nach dem Wort einer klugen Freundin, mit 250 francs Monatsgehalt die Sorgen Rockefellers macht. Die Faschisierung geht trocken und unaufhaltsam fort. Je eher das, was man heute Sozialismus nennt, untergeht, desto besser – sein Grundsatz ist sowieso falsch, das haben gerade wir immer gewußt. «Das Sein bestimmt das Bewußtsein», das ist ungefähr so intelligent, wie wenn einer sagt: «Der Zustand der Zähne bestimmt den Gesundheitszustand des Menschen.» Der Sozialismus wird erst siegen, wenn es ihn nicht mehr gibt.

Das auszusprechen ist deshalb so gefährlich, weil dann die Ullsteine und Citroëns jubilieren. Die aber gehören zu dem alten – Moskau und Chicago sind nur zwei Seiten der gleichen Medaille.

Rußland wird den fernen Osten verlieren; Deutschland mit frdl. Unterstützung Englands durchkommen, mit oder ohne Adof, wahrscheinlich mit ihm.

Übrigens hat Hamsun den boches zur Saar gratuliert, und wie!
[. . .]

Habe ich Ihnen geschrieben, daß Karl Valentin gesagt hat, donnernd: «Heil . . .» und dann ganz leise und verlegen: «Wie heißt er doch gleich?» –

Kurt Hiller berichtet, [. . .] sicher echt und wahrhaftig, [. . .] seine Erlebnisse. Es ist unvorstellbar. Es ist so unvorstellbar, daß ich für mich niemals daran denke: Lieber hier als da. Es ist mir zu weit – so weit reicht meine Phantasie nicht. Neger. (Pardon, die Herren Neger.)

Bitte vergessen Sie nicht, mir auf alle Fälle Ihre
Adresse
zu geben.

Ich bin Ihr gewogener und wohl affectionierter

Nasenbesitzer
Edgar

Lieber Max,

das ist schon keine Briefschuld mehr: – das ist ein Debet. Hoffe aber, daß dasselbe zu würdigen wissen, in Anbetracht der weiter untig aufgeführten Umständlichkeiten und bitte sehr allerwertest um Ihre Verzeihung! Dieselbe als gewährt voraussetzend, zerfällt unser heutiges Evangelium in zwei Teile, und zwar a) in einen persönlichen und b) in einen sehr sachlichen.

Werte Gemeinde! Der Grund meines Schweigens war einfach oder vielmehr ist leider zwiefach: einmal habe ich inzwischen eine Kolik übernommen, die gut funktioniert, und was der Magen anrichtet, wissen Sie ja aus unserer sel. Spittelzeit, die nun auch bald vier (4) Jahre her ist, alter Mann. Daran laboriere ich noch immer, es ist nicht lustig. Das andere ist da oben abgebildet. Sie hätten schön gelacht, wenn Sie das mitgemacht hätten! Es hat in diesem Winter 5 (fünf) Operationen gegeben, jede etwa eine Stunde – eine zwei. Fazit: es waren ganz schwere Verwachsungen, die man vorher nicht hat sehen können – man hat die Keilbeinhöhle aufgemacht (tout au fond du couloir à gauche), und ich bin wenig stolz, daß ich «recht» gehabt habe: Geruch und Geschmack sind wieder da. Es war ganz munter. Zum Schluß hatte ich so ein Training, daß ich mich während der Metzelei mit dem Veterinär, der sich übrigens wie ein Engel, inkl. Rechnung, benommen hat, über Greta Garbo unterhalten habe. Es war weniger Tapferkeit als Wurstigkeit. Wenn die Knochen herausbullern, tut es ja im Grunde doch weh – so tief kann man nicht betäuben. Aber es hat geholfen, ich habe nicht nachgegeben und so lange in den Arzt hineingebohrt, bis er das getan hat, was ich wollte. Den Kern hat meines Erachtens ein Boche gefunden, ein Kerl aus Dresden, namens Jung. Dessen Aufsatz gab mir der hiesige Mann zum Lesen – Sie können sich denken, wie mir war, als ich daran klitzelklein meine Zustände zu lesen bekam, alles ganz haargenau, mit dem freundlichen Zusatz: «Diese Kranken sind zu bedauern, denn weil man nichts findet, werden sie entweder mit Brom auf Neurasthenie behandelt oder als Simulanten angesehen.» Und dann eine große medizinische Auseinandersetzung, die mehr Ihren Schwager interessieren würde, aber nicht uns. Kurz und klein: dieses Kapitel ist abgeschlossen. Bleibt der Magen und eine grauenvolle Müdigkeit, die sich ja nach dem Ausgestandenen erklären läßt – denn viel schlimmer, als die fünf Schlachten war das: «Hat es nun geholfen oder nicht? Wieder nicht. Himmelarsch, von vorn . . .» und so. Dieser Winter war nicht lustig.

Max, Sie sind also nicht böse, daß ich so lange nicht geschrieben habe, wa –? Ich kann an Sie einfach nicht konventionelle Briefe schreiben, und also mich nicht verstellen, wenns mir dreckig geht. Und das klingt dann so verstimmt und beese – was sollen Sie denn da denken! Nehmen Sie mir diese ungeheure Pause nicht krumm.

Ich sitze zur Zeit auf Gotland, welches in der Ostsee liegt und mir demzufolge gut tut. Mensch, die Ostsee ist eben anders – sogar die Herren Schweden (inkl. Mädchen!) sind hier erträglicher als im Westen. Alle viel offner, netter, freier, freundlicher – nicht so verkniffene Schnauzen und dünne Lippen.

Hier ist es unwahrscheinlich billig – 3.50 den Tag mit allem, also sagen wir 4 und dafür Sonne und Bad und kein Mensch und allein im Häuschen und überhaupt goldrichtig.

Jetzt will ich mal erst in Ihre Briefe hineingucken und Ihnen antworten, was da zu antworten ist.

Ich freue mich vor allem, daß Sie es so gut getroffen haben – das haben Sie mit der allergrößten Klugheit gedreht, sich nach 2 Seiten hin orientiert zu haben: Land und große Stadt. Nur auf diesen Polen kann man leben. Ich finde es klug, würdig und famos, was Sie da arrangiert haben, und hoffentlich fühlen Sie sich in London so wohl, wie da bei den Fischern. Wie gern käme ich auch mal hin – aber ich komme nur unter der Bedingung, daß ich auf den Felsen Notizbücher vorfinde, auf denen ich während der Promenaden notieren kann, daß die Möwen über dem Meer aussehen wie Möwen über dem Meer, denn ich bin Sie nämlich ein Lyriker.

Schreiben Sie doch bald wieder, wie es da zugeht – und grüßen Sie Marita mit Mann recht herzlich! Sind sie schon Jugoslaven? Und was machen Sie in dieser Hinsicht?

Daß die Brüder da dies und genes, wie die Hannoveraner sagen, von Ihnen konfisziert haben, ist ja gleichgültig – in der Hauptsache haben Sie das Spiel gewonnen, bei alledem getan, was *Sie* wollten [...] Das walte Gott.

[...] Ich habe dafür einen Kater Iwan engagiert, welcher aber in Geschäften seiner Fortpflanzung weggeloffen und totgeschossen worden ist. Worauf ich vor dem Hause eine Schüssel mit Milch sehe. Ich, zum Dienstmädchen: «Für wen ist denn die? Der Selige ist doch nicht mehr da.» Sie, etwas schämig: «Nein, aber da ist eine Katze – ich glaube, das war seine Freundin!» (auf schwedisch etwas, was soviel wie «Gesellschaft» heißt), «und sie hat wohl Junge von ihm und da habe ich ihr die Milch herausstellen zu müssen geglaubt.» So habe ich denn zum erstenmal für einen Kater Alimente bezahlt.

Ja, ich stoße noch brummend manchmal in die Heizung – aber zum April mache ich da fort, darüber schreibe ich noch.

Dank für die nachgewiesene Tolstoistelle – sie entspricht genau, genau meiner Geschichtsauffassung, die sich in dem Buch von Behrens («*Politischer Aktivismus*»), über das ich Ihnen vielleicht einmal ge-

65

schrieben habe, gleichfalls, theoretisch begründet, findet. Merkwürdig: Ich hatte mir die Stellen bei Tolstoi angestrichen: ich fand meine Bleistiftstriche vor, als ich nachlas, was Sie mir da aufgemalt hatten.

[. . .]

Soweit das Persönliche, ich fühle mich nicht wohl, das ist wahr, und Sie werden aus dem sowie aus dem, was nun folgt, begreifen, daß mich es nicht juckt, zu schreiben. Für wen –? Und was –? Ohne jede Leierkastenmelodie: ich nicht.

[. . .] Wir hören nunmehr, liebe Gemeinde, die Worte unsres politischen Evangeliums.

Ja, also, lieber Mann – da gehen wir, wie bereits oben gesagt, bis ins letzte einig, soweit man das auf so weite Entfernung beurteilen kann. Was hierbei wichtig ist, scheint mir das Grundgefühl zu sein – wir sind ja keine Marxisten, die es schriftlich haben. Item: Es ist möglich, daß ich mich hier und da Ihnen gegenüber wiederhole, was ich zu entschuldigen bitte. Das liegt daran, daß ich keine Durchschläge meiner Briefe an Sie habe, und daß ich seit etwa einem Jahr kaum etwas Neues auf diesem Gebiet denke – ich befasse mich mit andern Dingen. Deutschland ist mir nicht wichtig, und die Entwicklung in Europa liegt klar – man kann sich ruhig chloroformieren lassen und nach anderthalb Jahren aufwachen – viel Überraschendes wird inzwischen nicht passiert sein.

[. . .]

Daß die deutsche Republik, daß die von Ihnen damals in Lavandou so gut bezeichneten «Novemberverbrecher», die keine gewesen sind, daß alle diese versagt haben, das ist eine Enttäuschung, über die ich längst hinweg bin. Aber da ist eine andere Enttäuschung, und die, das muß ich gestehen, hat sich mir nicht in die Kleider gesetzt.

Ich hatte jahrelang geglaubt, gedacht: «Ja, das könnt ihr mit den boches machen – aber kommt mal heraus, da werdet ihr etwas erleben.» Und nun erleben *wir* etwas. Daß die nämlich draußen genau so sind. Wie sind . . .?

Es hat sich mir, analog dem «großen Krummen» aus dem *«Peer Gynt»* eine Schreckensfigur gebildet, die mich gradezu verfolgt, die ich überall, überall sehe: sie ist zusammengesetzt aus Herriots dickem Bauch mit Uhrkette, Kindheitserinnerungen, Lavals fettiger Schläue . . . es ist die Figur von Onkel Guido.

Onkel Guido ist der Mann in der Familie, der «vermittelt». Er sagt: «Mein liebes Kind, ich werde das mit deinem Vater ordnen!» Er ordnet aber gar nicht. Er hat Angst. Er sagt: entweder und oder. Und einerseits, andrerseits, vor allem andrerseits, denn es ist das Charakteristikum Onkel Guidos, daß er sich immer den Kopf der andern zerbricht. Und nachdem er «geordnet» hat, kommt er, um in der Atmosphäre des

«*Sohn*» zu bleiben, zu diesem Sohn und sagt: «Ich habe mit deinem Vater gesprochen – Du mußt schließlich auch bedenken, daß . . .» Und dann bleibt alles beim alten. Schlimmer: durch Scheinzugeständnisse ist die Rolle des Sohns eine noch scheußlichere geworden. Europa wird von alten Männern regiert, die alle Guido heißen, oder von aufgeregten Opportunisten, die ihren Opportunismus «Dynamik» nennen, aber von schwarzen Hemden wird das auch nicht besser. Onkel Guido beruhigt uns – es ist alles nicht so schlimm. Und bis zum nächsten Krieg stimmt das ja auch.

Die Deutschen haben Glück: ihnen fliegen die gebratenen Engländer ins Maul. Die tun das *nicht* aus Gemeinheit, *nicht* aus cant – das heißt sie ganz und gar verkennen. Bei diesem Volk haben in den Gehirnen zwei Dinge nebeneinander Platz, die sich bei andern Leuten ausschließen – es ist die Tragik Europas, daß sie sich um europäische Politik kümmern, denn sie sind keine Europäer und sind es nie gewesen. Der einzelne Engländer steht sicherlich in vielen Fällen als Freund und *Mann* hoch über Herrn Dupont, das ist wahr. Beginnt aber der Geist ihres Volkes aus ihnen zu sprechen, dann ergreift mich ein Gefühl der Übelkeit, und die kommt nicht aus dem Magen, so widerlich sind mir diese Kerle. Die Unterstützung des Stahlhelms durch d'Abernon damals in Berlin; das leise Augenzwinkern: «Wenn ihr gegen Frankreich aufrüstet und nicht zur See, haben wir nichts dagegen»; die Saar; und jetzt die Kolonien, das ist mit marxistischen Gründen nicht zu erklären. Sicherlich will die City Geschäfte machen, und deswegen werden die Deutschen zunächst in Form von Garantien der englischen Bank bei den englischen Lieferanten verhüllte Anleihen bekommen, und mehr: die Kolonien. (Melodie: «Wenn Deutschland *das* noch bekommt, dann wird es doch Ruhe geben!» Onkel Guido.) Dergleichen erklärt sich nicht nur aus Wirtschaftsinteressen. Man darf schon sagen: «die Engländer und ihre deutschen Freunde», noch vor fünf Jahren hätte ich das nicht hingeschrieben. Sie gehören zusammen, trotz der kreischenden Weiberproteste ihrer lächerlichen männlichen und weiblichen Friedensfreunde, die der Sonntagsschule entlaufen sind. Und was sie alle, alle eint, den Engländern unbewußt, ist die schwerste, die tödlichste, die beinah physische Abneigung gegen die Franzosen. Sie wissen es selbst nicht, aber es ist so.

Wen haben die Deutschen denn gegen sich –?

Die Juden zählen nicht: [. . .]. Die Emigranten? Ihre geistige Kapazität ist schwach: denn da ist kaum einer darunter, der tabula rasa machte, der auch nur begriffen hätte, was denn da vor sich gegangen ist – sie hoffen fast alle nur auf den Augenblick, wieder bei Dobrin zu sitzen und . . . «Na, was *wir* durchgemacht haben!» – «Das ist gar nichts. Ich bin eines Tages bei dem Polizeipräsidenten von Budapest gewesen und habe ihm gesagt . . . Tag, Brodnitzer!» Das sind wackre Revolutionäre. Also wen?

Die Russen. Die Russen?

Es muß etwas geben, das in Europa grassiert: das sind Judasse ohne Silberlinge [. . .] Stalin hat immer nur russische und nichts als russische Politik gemacht, was gewiß kein Vergehen ist. Ein Verbrechen aber ist es, die europäischen Arbeiter diesen russischen Interessen zu opfern, von ihnen zu verlangen, daß sie alle Schwenkungen mitmachten, die gerade in Moskau de rigueur sind, bis zu jenem Zynismus, der sie heute erklären läßt: Nur der ist ein guter Kommunist, der sich nicht als solcher gibt, sondern der wacker sein Jahr abdient, alle Gasschutz-/übungen mitmacht und überhaupt staatstreu denkt. Trotzki, den ich für eine echt tragische Figur halte (mit seinen Irrtümern, grade mit ihnen), Trotzki kann bitter lachen, wenn er das noch kann. Denn dieser Verrat an dem besten von dem, was aus Moskau gekommen ist, und was eben *nicht* jene tausendfach falsche Lehre gewesen ist – dieser Verrat wird ihnen nicht nützen.

Die Lehre ist im Kern verkehrt. Lesen Sie, wenn Sie Geduld haben, Dandieu, der den Franzosen jung, zu jung gestorben ist – Sie werden daran vieles finden, für das uns bisher nur der konkrete Ausdruck gefehlt hat. Der Mensch ist eben *nicht* ein homo oeconomicus und nichts als das – sondern er ist ein ganzer, runder Mensch – was bisher nur die Faschisten begriffen haben, die nicht konsequent sind, deren Doktrin mitunter bis zur Unkenntlichkeit von der Methode zugedeckt wird, die vielleicht gar keine feste Doktrin haben – und die doch die Jugend aufziehen. Rußland ist Rußland. An keiner Stelle in Europa hat das echte Wurzeln geschlagen. Im Gegenteil: das Wort «Internationale», das, tausendmal seis gesagt, keiner Realität entspricht, ruft die schärfsten, die besten Gegenkräfte auf der Gegenseite hervor, die Bourgeoisie springt an und bekämpft einen Gegner, der alles im Schaufenster, aber so blutwenig im Laden hat. Die Arbeiter haben ihr Prestige eingebüßt – jetzt wissen die Arbeitgeber, daß man sie zusammenschlagen kann, und kein Marxismus, natürlich nicht, hat ihnen Klassenbewußtsein eingeimpft, sie haben es nicht, weil es keine Realität ist, sondern das hegelsche Produkt eines Professors. Sehen Sie die kleinen Angestellten überall! Was tun sie? Sie tragen die Sorgen Rockefellers, nicht etwa ihre eignen. Die Prrroduktion muß erhöht werden; wenn das die Volksschullehrer aussprechen, schäumt ihnen das Maul (nur nicht in Frankreich), und begeistert retten sie die Güter ihrer Zivilisation. Es wird den Arbeitern erst wieder gut gehen, wenn es keinen Marxismus mehr gibt. Eine begreifliche Reaktion gegen den idealistischen Romantizismus – gewiß. Beides Irrlehren. Und heute ist, was aus Moskau kommt, blutbringend, aber das Blut fließt auf den Straßen. Wer spricht noch von Wien und den Dollfußmorden? Europa sieht aus und fühlt wie eine illustrierte Zeitung, bunt und stumpfsinnig.

Und wir –? Ich glaube, daß Sie da ähnlich denken wie ich: nur kein Pen-Club. Was Sie da für sich arbeiten, wenn Sie arbeiten, das ist eine Tätigkeit, die für die geistige Zucht gut ist – wieweit das noch heraus ans Licht kann, ist eine andere Sache. Ich für meinen Teil habe kein Mitteilungsbedürfnis mehr; für welches Publikum! Man kann für kein Parkett schreiben, das man verachtet. Und ich kenne meine Pappenheimer – selbst unter den Emigranten sind viele, die nur Verhinderte sind, ich nenne Ihnen keine Namen. Ich habe mit alldem nichts mehr gemein und muß mir, wenn ich das einem andern als Ihnen schriebe, die intelligente Frage gefallen lassen: «Na ja, aber wovon leben Sie denn?» Und das wäre ja denn auch freilich ein Grund, zu schreiben. Also: taceo, philosophus sum . . . aber das ist wohl unbescheiden.

Anbei einiges. Erstens ein schöner Schmus-Artikel über Thomas Mann, dessen Haltung ich skandalös finde. Wir dürfen schweigen – er durfte es nicht. [. . .] Der Stil der «Neuen Zürcher» ist so wie damals unsere Parodie für die «Frankfurter». Ich habe das einzige Wort unterstrichen, das man auf diesen Menschen nicht anwenden darf. Zweitens aus dem weitaus trostreicheren schweizer Blatt, der «Basler Nationalzeitung», ein Artikel, der mir zu fett geschrieben ist (wie aus Sieburgs Küche: wo andere Öl nehmen, gibt es gleich Mayonnaise) – aber im Sinn ist das ganz gut. Ich habe das beinah mit denselben Ausdrücken, nur milder, vor einem halben Jahr an eine Freundin geschrieben, leider besitze ich den Brief nicht mehr.

Na, und so laßt uns denn vernehmen, was unser aller Karl Valentin gesagt hat. [. . .]

«Wir haben Schweres durchgemacht. Erst war da der Kaiser und die Monarchie. Na, und was hatten wir dann? Den Krieg. Und dann war da die Revolution. Und was hatten wir danach? Die Inflation. Und dann war da die Republik. Und was hatten wir dann? Die Arbeitslosigkeit. Und dann der Nationalsozialismus. Und was haben wir heute?

Donnerstag.»

In alter Treue, trotz der Briefpause von Jahrenden

Ihr
Edgar
ehem. Mitarbeiter

9–11–35

Lieber Max,

[...]

Ich bin ein bißchen schuld, das ist wahr. Wieso – ersehen Sie aus dem glücklich wieder in meine Hände gelangten Schrieb an Sie sowie aus der Tatsache, daß ich drei Wochen im Spittel gelegen habe, es geht mir aber nicht besser. Sie kennen ja diese Scherze. Nun aber zu ernsterem.

Ich würde mich *mächtig* freuen, wenn Sie kämen. Allein oder doppelt. Sie können, wo immer Sie wollen, schlafen – wenn doppelt, in meinem Zimmer, woselbst die gepolsterten Wände die leisen Schreie der Lust pp. Es wäre ganz wunderbar herrlich, denn: Aus Gründen, die ich Ihnen sagen werde, möchte ich nicht gern da herunterfahren. Es ginge – macht mir aber einen Haufen Schreiberei, den ich gewiß nicht aus Faulheit auslassen möchte. Es wäre mir also viel angenehmer, wenn Sie kommen könnten – wann immer, wie lange immer, das alles ist zu regeln. Ich müßte es nur etwa 14 Tage vorher wissen, damit es keine, wenn auch unwahrscheinlichen Kollisionen gibt. Es wäre wirklich gut – ich habe eine Aussprache *sehr* nötig. Es ist nichts Besondres, ich habe Ihnen nichts vorzujammern, auf keinem Gebiete, sondern ich möchte mich mal richtig mit Ihnen über die Welt ausquatschen, was mich viel mehr interessiert als alles Persönliche. *Ihr* Persönliches dagegen möchte ich gern hören.

Na, denn man los mit dem guten alten Onkel da unten; bin neugierig, was das Popplikom sagt, wenn er seinen kleinen Zopf tanzen läßt. Ich meine: das ist eine bombensichere Sache und ein großer, großer Erfolg. Aber ich verstehe ja nichts vom Theater.

Hierorts nichts Neues. Was ich tue, wenn ich nicht Kierkegaard lese? Anbei eine Probe – aber das ist *nur* für Sie, ich will das nicht publizieren, ich mache das auch nur, um mich zu üben, nämlich in der andern Sprache. Sie fängt an zu gehen. Ein langweiliges Volk – wenn Dänemark nicht so nah dran läge, *das* wäre eine Kultur, die aufzunehmen sich lohnte. Aber diese Zündholzschachteln mit Vorhängeschlössern dran, das ist nicht recht was für uns. Mehlwürmer.

Die Literatur, mit ein paar Ausnahmen, genauso. Die Ausnahme, soweit mir bisher bekannt: Frank Heller; die Briefe des ollen Tegnér, Bellman, ein älterer Mann namens Almquist und der beigelegte Mann, namens Fröding, der entsetzlich unter dem hiesigen Ullstein zu leiden hatte und zerstört starb. Ein starkes Talent, das meiste unübersetzbar, weil Dialekt.

[...]

Ich freue mich ganz tief aus dem Bauch heraus, wenn Sie kämen, bitte die jeweilige Liebe zart zu grüßen, und umarme Sie – falls Sie Wert darauf legen – in allen Unehren.

Med många hjärtliga hälsningar

Er tillgivne
Edgar

29–11–35

Mon jeune riche,
allerschönsten Dank für Ihren werten vom 23., den mit ungeahnter Schnelligkeit beantworten möchte, wegen so lange nicht von mir gehört habens. Item:

Zunächst mal meine häzlichste Gratulation für die Kollaboration nach Maß. Für diese Art gibt es nur einen Gradmesser: den Erfolg. Daß ich Ihnen den wünsche, brauche ich wohl nicht erst hinzuschreiben – daß er komme, und daß er anhalte. (conj.) Darf ich eine Abschrift haben, wenns fertig ist, denn es wird doch wohl eine deutsche Fassung existieren? In Gottes Ohr.

Anläßlich «*Münchhausens*» möchte ich Sie wirklich gern sehen. Ich gehe vielleicht im Frühjahr an die Ostküste, wo Landschaft und Volk mir mehr zusagen – deshalb wollen wir doch noch Frollein Greete im alten Heim spielen.

Über Krankheit mündlich. Dieses Spittelgerede ist ja nicht lustig. Da Sie aber einen Punkt berührt haben, den ich mit flammender Lanze zurückweisen muß, komme ich auf denselben zurück. Nämlich:

Sie fragen, warum ich schwiege und fügen hinzu, was mich noch die Daitschen angingen. Gar nichts. Wenn Sie hier wären, fragten Sie das nicht, sondern wären in dieser Beziehung sehr mit mir zufrieden. Ich habe seit Jahren keine deutsche Zeitung mehr in der Hand gehabt. Das ist keine Metapher, sondern die Wahrheit. Ich lese deutsch nur: die Klassiker, die Romantik und griechische und römische Leute, die durch die Übersetzung ins Französische noch mehr verlieren als im Deutschen. Die modernen Engländer, soweit sie übersetzt sind, schwedisch. Sonst nur französisch. Dazu schwedisch – Strindberg ist gar nicht so veraltet, wie man denkt (*«Tschandala»* ist eine Meistersache). Von den Deutschen weiß ich nichts mehr, ich habe nicht einmal mehr die nötigen Personalkenntnisse, um Witze zu machen. Käme morgen der sel. Schleicher wieder –: mich sähe Berlin nicht mehr. Von 10 boches sind 3 Spitzel, 2 Sadisten, der Rest Feiglinge. Zur Emigration habe ich keine Beziehungen, deren Blätter sehe ich nicht. Ich kenne sie alle: die Unentwegten, die – gespenstisch! – weiter machen, wie wenn nichts passiert wäre – neu-

71

lich las ich im Buchladen auf der Rückseite des nicht gekauften «*Tagebuchs*» eine Anzeige, über eine Heftsammlung, darunter Rutchen, «*Rückkehr aus der Emigration*», eine Komödie; da soll man nicht stören – die berliner Schieber sind mir so fatal wie Ihnen, und die andern, die mit der einen Hand das Ausland angebettelt haben und mit der andern, greinend, Grenzschmach und Patriotismus gemacht haben, ohne zu sehen, daß man auf dieser schiefen Ebene nicht stehen bleiben kann, also jene, die diesen Weg geebnet haben –: alles das kenne ich auswendig und wende mich nicht einmal davon ab, es ist gar nicht mehr da.

Also . . .? Warum ich nicht schreibe –?

[. . .] Ich fühle mich müde und krank. Jeder hat ja seinen Vogel bei der Produktion. Bei mir ist das so, daß ich morgens die Augen aufschlage und weiß: Heute wirds was. *Was* ich dann anfasse, ist ziemlich gleichgültig – ob einen Brief, eine Frau oder einen Artikel –: das wird dann und hat jenen Schwung, den ich mit meiner Marke signieren kann. Heute weiß ich – Nerven? Galle? Hals? – daß es nichts wird. Man soll in seinen besten Stunden schreiben, nicht in seinen schwachen.

Dazu kommt, daß *Sie* leicht zu übersetzen sind, Sie sind ein Dichter und gestalten Menschen. Ich bin ein Schriftsteller und *wie* ich meins sage, ist oft besser als das, *was* ich sage. In der Übersetzung geht das verloren. Dazu kommt, daß die deutsche Sprache, wie jede andere, will man sie gut handhaben, in steter Berührung mit dem Volk bleiben muß. Jemand hat einmal von Nietzsche gesagt, seine Sprache sei auf Draht gezogen, sie habe keinen dialektischen Anklang, und das ist richtig. Das gibt nicht, wie die Privatdozenten meinen, deren er ja einer gewesen ist, den feinen Stil, sondern den leeren Stil. Keller hat fast alles rein schwyzerdeutsche unterdrückt, aber es schimmert ständig durch, es ist eben echt, was er gemacht hat. Ich spreche nicht mehr deutsch, wie man heute deutsch spricht, und für einen, sagen wir, Humoristen ist das ein schweres Hemmnis. Dies nur zur rectificatio. – Ich bin totaliter von Deutschland seit etwa fünf Jahren frei. Würde ich noch einmal richtig gesund, so schriebe ich, vielleicht – aber niemals wieder das, und niemals wieder so. Lasset uns abwarten.

Max, was nehmen Sie für die Galle? Ich mache mir darüber seit einem Jahr Gedanken, gefunden hat man nichts, das besagt aber nichts. Ich habe bei einer Schwedin in einem kleinen Gläschen einen Gallenstein gesehen, der hieß Hieronymus, den haben sie ihr herausgeschnitten. Die Röntgenbilder ergaben nichts, alle Untersuchungen waren negativ, und der Arzt hat aus Intuition operiert.

[. . .]

Sonsten tue ich viel läsen. Ich will nicht sagen, daß ich davon klüger geworden bin, aber dümmer wird man davon auch nicht. Was ich aus den Memoiren, die mir so in die Hand fallen, herauslese, ist: die

Menschheit ändert sich nicht, sie ist immer so gewesen wie heute. Es gibt bei Rivarol, bei den klugen Franzosen um 1800, bei den älteren Essayisten die klare Bestätigung alles dessen, was wir heute erfahren: die Masse ist immer stumpf gewesen, und nimmt alles so hin, ein paar erkennen, und einige handeln. Was mich von allem am meisten bekümmert, ist die Haltung des Papstes. [. . .] Er, der seine Leute in Deutschland verrät und der in Italien sich zum Knecht des übelsten, ältesten und faulsten Imperialismus macht, wäre die einzige geistige Macht, die in Europa, eben weil die Katholiken nirgends territorial interessiert sind, etwas tun könnte. Wir haben uns so lange nicht gesehen, und ich möchte nicht, daß Sie glauben, ich ginge hier mit einem Weihrauchkessel herum. Nichts ist mir fataler. Aber die Klarheit des Verstandes, der im Gebäude der Kirche verankert liegt, ihre Folgerichtigkeit im Denken; ihre Unbeirrbarkeit – wo ist das alles? Bei Kierkegaard, dessen deutsche Übersetzung leider eine Schande ist, und den ich dänisch nicht lesen kann, steht eine unsterbliche Seite über den Dichter, der über sich hinaus möchte und der es nur zur religiösen Sehnsucht, nicht zur Frömmigkeit selber bringt. (Brentano hats dazu gebracht, auf Kosten seiner Begabung.) Ich fühle das genau so: noch nicht und nicht mehr. Das ist nicht der Augenblick, zu schreiben.

Apropos katholisch: gestern las ich den Aufsatz eines schwedischen Arztes über die Abtreibung. Darin erzählt er, er habe einmal einen katholischen Arzt gefragt: «Was tun Sie, wenn Sie abtreiben müssen, um wenigstens die Mutter zu retten?» Er antwortete: «Ich ziehe einen protestantischen Kollegen zu.» Ganz Rom in einem Satz.

[. . .]

Ich hatte an die Gräfin und Sie gemeinschaftlich einen Schreibebrief geschrieben, hat sie Ihnen den geschickt –? Sie ist wirklich ein famoser Kerl. Sie werden bemerkt haben, daß die Frau wirklich so etwas hat wie seelische Scham oder sagen wir: délicatesse. Das hat gar nichts mit sexuellen Dingen zu tun – Französinnen können ja die unmöglichsten Sachen sagen oder nackt durchs Zimmer tanzen, deshalb hat man sie noch lange nicht. Was mich immer wieder an ihr fesselt, ist genau das Gegenteil von dem, was Bürger in Frankreich suchen. Sie ist manchmal ein kleines Vögelchen, das friert und dem man es nett machen möchte, und dann und immer wieder ein anständiger Kamerad. Ihre Liebesgeschichten sind ganz echt, ich höre ohne masochistische Triebe begeistert zu, wenn sie das erzählt. Dazu hat sie, was bei Frauen selten ist, eine Art Humor.

Das wärs. Nächstens schreibe ich Ihnen wieder vernünftig – heute nur ein Lehmszeichen.

[. . .]

Selber Kamillendämpfe! Hier gibt es einen älteren Benediktiner, über den sich reden läßt. Was macht übrigens Toller –? Ist er verheiratet? Und wo –?

Dies wünscht Ihnen mit einem schönen Kratzfuß

Ihr Interpunktions-Mitarbeiter
Edgar
aufgehörter Schriftsteller

Dieser Brief geht mit einem direkten Boot. Die Schiffe hierher sind, glaube ich, größer als die nach Ejsberg.

[ohne Datum]
Max!
Also jetzt habe ich das erst begriffen, daß Sie in Longdong sind. Trotzdem schreibe ich Ihnen nach mit Verlaub zu sagen unten, wegen sicher. Nun sagen Sie:

Wollen Sie über mich zurückfahren? Sie sind jederzeit herzlichst willkommen! Ablehnung braucht nicht motiviert zu werden – das ist jetzt alles nicht so einfach, das weiß ich. Ich sags nur. Auch *mit* Frau Edith – j'arrangerai cela. Ich würde mich *mächtig* freuen –!

E.

AN HEINZ POL

Lieber Herr Pol,
ich danke Ihnen schön für Ihren Brief vom 28. d. M. und vor allem:
ich gratuliere Ihnen sehr schön, daß es gut gegangen hat! Ich habe
mich mächtig gefreut, wir haben hier oft von Ihnen gesprochen, und
ich war oft in großer Sorge, ob nun alle die Geschichten, die man sich
erzählt hat, grade bei Ihnen wahr gewesen wären oder nicht. Die
Hauptsache ist jedenfalls, daß Sie heraus sind.

Die Adresse von Frau Jacobsohn ist: p. Adr. Leopold Heidrich,
Spiegelgasse 21, Wien I. Die Adresse des Blattes haben Sie ja gewiß:
Kohlmarkt 10, Wien I.

Es tut mir ganz besonders leid, daß Sie Ihr Weg nicht über die
Schweiz geführt hat. (Sicherlich war das viel schwerer.) Ich hätte grade
mit Ihnen gern und ausführlich über alles Vorliegende gesprochen. Ich
bin zwar immer noch arbeitsunfähig, weil ich noch krank bin und nichts
tun kann – aber da gäbe es doch eine Menge zu bereden. Das Blatt
halte ich in seiner jetzigen Form nicht für sehr aussichtsreich, ich stehe
seiner Entwicklung skeptisch gegenüber und habe das auch Frau J. gesagt. Die Artikel Schlamms halte ich seit dem 30. Januar für großartig. Was dann um ihn herum steht, ist weniger schön. Nun . . .

Ich wäre Ihnen dankbar, wenn Sie nach einer etwaigen Reise nach
Wien mir schreiben wollten, wie Ihre Meinung über alles das ist, und
was Sie zu tun gedenken. Ich bin grade an diesem Punkt sehr interessiert.

Ihnen alles Gute wünschend, bin ich

> mit vielen Grüßen
> Ihr
> Tucholsky

Lieber Herr Pol,
ich danke Ihnen schön für Ihren Brief vom 3. d. M. Vor allem nochmals meine besten Glückwünsche, daß es verhältnismäßig gut abge-
laufen ist. Im einzelnen:
Für den Augenblick ist sicherlich Prag das richtige. Wie sich das dort
politisch weiter auswirkt, können wir nicht übersehn. Frankreich soll
sich besonders nett und gastfrei benehmen. Was die Schweiz angeht,
so ist Ihre Vermutung richtig. Daß sich das Land gegen einzustellende
Arbeiter schützt, ist zwar traurig, aber verständlich. Daß es sich aber
vor Angst in die Hosen macht, wenn einer der Asylisten auch nur ein
Wort gegen Hitler sagt, ist weniger schön. Diese Praxis ist übel und
illoyal.
Dank für die Nummern des «Aufrufs». Was die WB treibt, weiß
ich nicht, denn ich höre aus Wien gar nichts. Ich glaube nicht, daß diese
Art, über die sich so ziemlich alle beschweren, die ich gesprochen habe,
das richtige für das Blatt ist. Ich kann im Augenblick nicht mittun und
kann daher auch an Herrn Bill, den ich zu grüßen bitte, nichts schik-
ken – mein Gesundheitszustand ist noch nicht in Ordnung, und ich
will auf keinen Fall mit schwachen Arbeiten nach so langer Pause wie-
dererscheinen, und zu guten langts noch nicht. Ich bin zu müde und
schwach. Schade, ich kann noch nicht reisen – es wäre so vieles zu sagen. Zum Beispiel:
Ich spüre aus Ihrem Brief heraus, daß auch Sie gegen das geistige
Emigrantentum sind – das ist das allerschlimmste, was uns überhaupt
geschehen könnte. Entweder aktiv mittun oder weg von Deutschland –
aber ja nicht mit der Träne im Auge von draußen weiter machen. Das
wirkt so kläglich.
Man sollte doch auf die würdelose Haltung der deutschen Juden
hinweisen, die beispiellos ist. Wird man bedroht, so darf man schweigen – ich habe einen dicken Bauch und bin kein Märtyrer. Bon. Aber
daß die Kerle noch die Bänke bemalen, auf die man sie überlegt ...
ich habe da Briefe bekommen und gesehn, das ist gradezu schamlos.
Man hat mir erzählt, daß man Ullstein gezwungen habe, sich im Auto
selbst in eine SA-Kaserne zu fahren, dort habe man ihn verhauen.
Hoffentlich ist das wahr. Denn diese Schamlosigkeit, den Patrioten zu
mimen, wenn nur der Betrieb und die eigene Person gerettet werden,
das sollte der liebe Gott doch entsprechend belohnen. Wie die hier An-
kommenden übereinstimmend sagen, glaubt man, daß diese blöde
Taktik den Betreffenden – genau wie der SPD – nicht einmal etwas
nützt: man wird diese Burschen zum Schluß wohl herausschmeißen.
Wichtig erscheint mir ferner: die Haltung Rußlands gegenüber

Deutschland. Wäre ich Kommunist: ich spuckte auf diese Partei. Ist das eine Art, die Leute in der Tinte sitzen zu lassen, weil man die deutschen Kredite braucht? Die «*Tat*» nennt das: russische Staatsraison. Und dafür die Beherrschung aus Moskau, diese jammervolle Führung, ich meine doch, man dürfe nicht einfach weiter machen, nicht so tun, als sei nichts geschehn. Es ist etwas geschehn. Die Arbeiterbewegung hat die entscheidende Niederlage erlitten, und die Linken hätten alle Grund, erst einmal bei sich auszuräumen. Ich für mein Teil bin keinesfalls gesonnen, weiterhin zu allem zu schweigen – aus einer Rücksichtnahme, die einem kein Mensch angerechnet hat.

Bitte lassen Sie von sich hören. Theodor Wolff ist hier, auch der selige Breitscheid, aber wer will denn die sehn.

Mit vielen schönen Grüßen und allen guten Wünschen für Sie und alle Kameraden

herzlichst Ihr
Tucholsky

Zürich, hauptpostlagernd   20–4–33

Lieber Herr Pol,
Dank für den «*Aufruf*» und für Ihren freundlichen Brief. Dazu:
Daß sich die «*Weltbühne*», die natürlich niemals hätte ihren alten Namen ändern dürfen, mit dem «*Aufruf*» nicht vereinigt, ist mehr als schade. Hier wäre nun die Möglichkeit gewesen, außerhalb der Parteien etwas Gemeinsames zu schaffen. *Sehr* schade. Herr Schlamm ist ein sehr guter Leitartikler, erfreulicherweise nicht das, was wir uns unter einem Wiener vorstellen – ob er der Redakteur ist, der dem Blatt eine über die Grenzen *eines* Landes hinausgehende Bedeutung geben kann, wird man abwarten. Vorläufig sieht das nicht sehr heiter aus: sehen Sie, hier kennt man doch alle internationalen Zeitungen, und man will nicht 60 Rappen ausgeben, um zu erfahren, was die «*Times*» gesagt haben. Sehr gut fand ich den Artikel über den SA-Mann. Was allein zunächst interessiert, sind *Fakten*. Danach eine gute prinzipielle Klärung.

Zu der wird die Stellung zu Rußland gehören. Ja . . .
Ich weiß alles. Die Rücksicht. Das habe ich mir seit langen Jahren gesagt, und ich bereue das heute. Lieber Herr, wenn der Vater Radek in seinen Blättern in Moskau «siegt», dann lügt er: er ist viel zu klug und viel zu gebildet und viel zu witzig, um nicht zu wissen, wie er lügt. Was ist? Die KPD hat in Deutschland . . . was? Die KPD hat in Deutschland von vorn bis hinten dummes Zeug gemacht, sie hat ihre

Leute auf der Straße nicht begriffen, sie hat die Massen eben nicht hinter sich gehabt. Und wie hat sich Moskau dann benommen, als es schief gegangen ist? Nach einem Bündnis mit der Reichswehr nur die kalte Schulter, weil irgend etwas nicht «richtig» gewesen ist? Also ich mache das nicht mit. Ich muß grade Ihnen wohl nicht schreiben, daß ich inzwischen nicht in einen Textil-Trust eingetreten bin, daß ich nicht umgelernt habe – ich bin so frei wie immer. Aber das da nie wieder. Ich pfeife darauf, ob es «richtig» ist, daß die deutschen Kommunisten so zu Grunde gegangen sind. Und dann haben die Russen nicht einmal den Mut, aus *ihrer* Niederlage – denn es ist ihre Niederlage – zu lernen? Auch Sie werden nach bittern Erfahrungen eines Tages einsehn, daß es nichts ist mit:

der absoluten Totalität der Staatsherrschaft;

mit dem einseitigen vulgären Materialismus;

mit der frechen Dreistigkeit, die ganze Welt über einen Leisten zu hauen, der nicht einmal Moskau paßt.

Welcher Mangel an Instinkt! Jetzt, grade jetzt mußte dieser Prozeß stattfinden! Das mußte sein, wie? Grade jetzt, wo England gegen Hitler aus Gründen des Gefühls steht, aus Gründen also, von denen die Russen nichts verstehn, weil das nicht in ihren Büchern steht. Ich rate keinem KPD-Funktionär, mir etwas davon zu erzählen, daß ich nur ein Intellektueller sei. Ich werde ihm antworten, daß er ein entlaufener Intellektueller ist, und ein Esel dazu. Denn meine Voraussagen sind eingetroffen, die der «Roten Fahne» aber samt und sonders nicht. Blättern Sie nach: was da steht, ist falsch. Sie hat auch diesen Faschismus deshalb nicht vorausgesagt, weil sie jeden Tag immerzu einen vorausgesagt hat, und immer einen andern. Welche Schwäche! Welche Instinktlosigkeit! Welche Unbildung! Ich nicht mehr.

Entschuldigen Sie, ich mußte mir das einmal vom Herzen schreiben. Sonst aber stimme ich Ihrem Brief in herzlicher und 46 % Melancholie zu: was die Herren Emigranten angeht. Lieber Herr Pol, das jetzige Regime sieht stabil aus, es hat viele Voraussetzungen für sich – ob es hält ... Und wenn es nicht hält: wer soll das ablösen? Diese Linke da? Kann einpacken und müßte renoviert werden. Ich bin kein politischer Führer, aber mit denen da ... das ist wohl nichts. Bliebe also, da es kein Sowjetdeutschland geben kann, die Monarchie. Ich empfehle Ihnen sehr die Artikelserie Helseys im «*Journal*». Der versteht Deutschland besser als die «*Rote Fahne*».

Wenn ich gesund bin, will ich ein Buch hinmalen.

Mit schönen Grüßen an alle und guten Wünschen für Sie

herzlichst Ihr
Tucholsky

Lieber Herr Pol,

ich habe mich zunächst bei Ihnen zu entschuldigen, und ich bitte Sie, diese Entschuldigung auch an Frau Mosse weiterzuleiten.

Ich habe über eine Woche im Bett gelegen, weil ich eine kleine Operation hinter mir habe, und daher ist es mir nicht möglich gewesen, Frau Mosse zu sehn. Mir tut das leid – ich hätte ihr gern geholfen, so gut ich das hätte tun können. Wenn noch einmal ein Abgesandter des «*Aufrufs*» in die Schweiz kommt, will ich das gern nachholen. Bitte entschuldigen Sie, daß ich versagt habe.

Dank für Ihren zweiten Brief. Von Herrn Schlamm habe ich lange nichts gehört – ich weiß nicht einmal, ob Frau J. noch Besitzerin ist. Schade: das läuft nun alles so auseinander . . . Ich habe das seit langem vorausgesehn und mich zurückgezogen.

Über die Russen ist kein Wort zu scharf. Noch die letzten Auslassungen der offiziellen moskauer Presse sind eine einzige Schande. Große Liebe und Freundschaft für Deutschland, das die Kommunisten krumm und lahm prügelt – «Rußland ist der beste Kunde Deutschlands» – die «*Voss*» jubelt und höhnt die deutschen Kommunisten . . . es ist der gemeinste Verrat, den man sich denken kann. Jahrelang Weisungen und Parolen ausgeben – dann passiert etwas, durch die Schuld Moskaus, da gibts nichts! – und dann: wir kennen uns nicht mehr. Hier kann es nie wieder eine Annäherung geben. Ich für meinen Teil wünsche mit keinem dieser Leute jemals wieder etwas zu tun zu haben. Mir tut jeder Satz leid, den ich aus falsch verstandenem Mitgefühl gegen Rußland unterdrückt habe. Dieser nationalistische Dreck verdient genau denselben Fußtritt wie Hitler auch. Schade – schade um jeden einzelnen Kommunisten, der heute in den Lagern malträtiert wird! Die Sache hats verdient. Rußland nicht.

Und Rußland ist nicht mehr die Sache, für die der Proletarier kämpft – es ist nicht mehr der Hort des Klassenkampfes. Ein Petroleumstaat wie jeder andere auch.

Wenn ich gesund bin, will ich Ihnen Bescheid geben – dann wäre dies und jenes zu sagen.

Alle guten Wünsche für den «*Aufruf*»!

> Mit den herzlichsten Grüßen
> Ihr
> Tucholsky

P.S. Der Schritt der Liga für Oss war sicherlich richtig – ich hatte davon erst durch den «*Aufruf*» erfahren. Ich brauche Ihnen nicht zu sagen, daß ich alles mitmachte, was in dieser Sache unternommen wird. Man hatte mir geraten, nichts zu tun – es könnte sein Schicksal nur noch erschweren. Was halten Sie davon –?

T.

4-7-33

Lieber Herr Pol,
da will ich denn feurigen Anthrazit auf Ihr Haupt sammeln und *gleich* antworten, wegen fein.

Dank für Ihren Brief. Nein, auf dem Posten bin ich immer noch nicht: ich muß noch inhalieren und mich pinseln lassen, und es ist ein rechtes . . . die Maschine hat kein Kreuz, sagen wir: Davidsstern.

Daß sich die Emigrantenliteratur so entwickeln wird, habe ich kommen sehn, und es ist ein großer Jammer. Es hat jemand im *«Blauen Heft»* in Paris darüber sehr hart und sehr gut geschrieben – ich habe einen Augenblick an Goll gedacht, ich weiß nicht, ob er der Autor war. Der sagte auch: anstatt *ein* gutes Journal zu gründen, gründet sich jeder seins, und natürlich werden sie alle miteinander eingehn. Es ist sehr schade. Auch vermisse ich in der gesamten Zeitschriftenliteratur dieser Art zweierlei:

Erstens eine gute, grundsätzliche Abrechnung mit der Vergangenheit, aus der man lernen kann. Also nicht nur: ha, die Verräääter – sondern eine Aufstellung der Fehler, die, in gutem Glauben oder nicht, begangen worden sind. Wie sehr das fehlt, zeigt die Frechheit Breitscheids, der es wagt, noch den Mund aufzumachen. Dem steht *wieder* keine Einheitsfront gegenüber, wieder zerfällt alles in Klickchen, Cafés, Zeitschriftchen . . . Es ist ein Jammer. So hart und roh es klingt: ich wünsche zwar diesen Leuten allen, daß sie einen fetten Nebenberuf finden – aber wenn dergleichen literarisch und politisch untergeht, so ist das nicht schade.

Zweitens hat keiner, aber auch keiner, von den Nazis propagandistisch etwas gelernt. Dabei gibt es da ein paar ganz simple Grundregeln, die S. J. und abgeschwächt ich, schon immer benutzt haben – sie lernen es nicht. Und sie wollen es auch nicht lernen, sie wissen gar nicht, was das ist: Publikum. Nun, ich bin nicht der präceptor Germaniae et Judaeorum.

«Weltbühne» sieht in der Tat frischer aus. Aber viel Neues erfahre ich von ihr auch nicht. Ich lese regelmäßig den *«Temps»*, neben den andern französischen und englischen Blättern, die mir erreichbar sind: da steht das alles, gebildeter, schärfer und viel besser formuliert. Außer Schlamm kann da kaum jemand schreiben. Schade.

Die Beurteilung Deutschlands ist natürlich bei unsereinem sehr der

Stimmung unterworfen. Ich sehe das noch immer als sehr stabil an, aber dafür habe ich keine Unterlagen. Nur: *wo* sind die Gegenkräfte? Daß neulich ein christlicher Bankier aus Mannheim hier gesagt hat, sie hofften doch sehr auf die Juden, «weil doch das eine internationale Frage sei» – das hat mein Herz erfreut.

Was die Herren Juden angeht: am schuftigsten sind eigentlich die, die auch noch mitmachen. Daß jemand unter diesen Umständen in Deutschland schweigt, selbst, wenn er vorher zu uns gehört hat: das kann und darf man keinem übel nehmen. Schweigen unter dem Druck des Gummiknüppels: vielleicht täten wir das auch. Aber mitmachen? Einer der übelsten Beispiele ist dafür unser Freund S[. . .]. Seine Blätter verherrlichen ja das Regime – und der Mensch ist Jude. Ich weiß, ich weiß . . . ich kenne seinen Charakter länger als Sie. Nun fehlt also nur noch, daß er sich an Pogromen beteiligt. Er kommt aus der Konfektion. Er hätte sie nie verlassen sollen. Er hat sie nie verlassen.

Gebe Gott, nein, der ist ja auf der andern Seite – gebe also der blaue Himmel, daß Sie recht behalten, und daß die Hitlerleute in einen wirren Kleineleute-Bolschewismus rutschen!

Wenn Sie etwas Neues hören, dann sagen Sie es Ihrem

Sie bestens grüßenden
Tucholsky

Wenn ich an Oss denke und ich denke immerzu an ihn: warum, warum, warum ist er so lange drin geblieben? Das werde ich nie verstehn.

20–7–33

Lieber Herr Pol,
Dank für Ihren Brief.

Man kann über die Zeitungspilze verschiedener Meinung sein: meine, die dahin geht, eine Zusammenfassung in wenige *große* Organe wäre besser, und der Ansicht, daß die vielen kleinen Nadelstiche auch etwas Gutes tun. Wenn es sich nur hält. Allerdings . . . eine B. Z. zu gründen – also das hat schon etwas Rührendes. Es erinnert ein bißchen an das kleine Paris, das sich die Amerikaner auf ihrer Weltausstellung in Chicago aufgebaut haben.

Über die Grundregeln der Propaganda müßte man sprechen – ein paar stehen bei Hitler, andere muß man Woche für Woche in die Praxis umsetzen.

In Sachen Oss werde ich selber also nichts unternehmen, dagegen habe ich versucht, andere Leute dafür zu interessieren, so daß ich gar

nicht in die Erscheinung trete. Ich denke immer und immerzu daran –
dieses Opfer ist so sinnlos, die Kerle sind es nicht wert.

Ich fahre gelegentlich hier ab, wahrscheinlich in den Süden. Falls
Ihnen jemand etwas von der schweizer «Gastfreundschaft» erzählt,
lachen Sie ihn nur ruhig aus. Ich kann mich für mein Teil nicht bekla-
gen – aber was ich so höre, ist wenig erfreulich. Ein Hoteliervolk.

Mit vielen schönen Grüßen an Sie und die Kameraden

herzlichst Ihr
Tucholsky

18–2–34

Lieber Herr Pol,
schönen Dank für Ihren Brief vom 29. I. und für die Nummer 1. Na
ja, also erste Nummern . . .

Was O. angeht, so hatte ich an Steed geschrieben. Wir werden ja
sehn. In den «*Times*» stand etwas – aber ob das hilft? Ich meine, *ihr*
sollt nichts machen, das kann ihm schaden.

Herbe Kritik? Nein, lieber Herr – es gibt nur positive Mitarbeit.
Aber ein paar Anregungen will ich gern geben – machen Sie damit,
was Sie wollen.

Als Zeichner empfehle ich Ihnen Herrn Elsen, einen Holländer, dessen Adresse das «Rire» weiß. Das ist die alte naturalistische Schule,
wie mir scheint, kann er was. Ich kenne ihn; er wird sicherlich mittun.
Zu meiner Zeit wohnte er 36 rue du Dragon, Paris VI, Tel: Fleurus
51–05, aber ob er da noch wohnt, weiß ich nicht. Die Zeichnungen
können Sie behalten.

Ja, ob es wohl sehr gemein wäre . . . da wäre nun ein Zwiegespräch
zwischen Wels und Bauer zu schreiben. «Na, Otto, da bist du ja endlich . . .!» Ich weiß, es ist hart und bitter – aber sollte man nun nicht
endlich einmal mit diesen faden «taktischen» Rücksichten aufräumen?
Denn was nützt es, wenn Sie alles vereinigen, «was links ist», wir haben ja gesehen, was dabei herauskommt. Ohne in Dogmatismus zu
verfallen: man muß gerade in der Satire wissen, was man will und
was man nicht will.

Neulich habe ich im «*Lu*» gesehn, daß Sie den MacDonald mit einer
Ballonmütze am Beginn seiner Wandlungen abgebildet haben. Falsch.
Nicht etwa, weil das klobig ist – in der Satire kann es gar nicht
klobig und deutlich genug sein. Aber die Enttäuschung über den Mann
nimmt da einen falschen Ausgang an: er hat die (durchaus deutsche)
Ballonmütze nie getragen – der englische Sozialismus ist immer etwas
andres gewesen als der deutsche, und so kann den, der beide Num-

mern kennt, die Karriere MacDonalds nicht wundern: er hat sich gar nicht gewandelt.

Wenn Sie irgend können, arbeiten Sie mit *Fotos*. Das wird zwar die Zeichner mit Schmerz erfüllen – aber wenn Sie gute und nun gar verbotene Bilder bekommen, dann heraus damit! Ein Foto mit einer klaren und kräftigen Unterschrift: das zieht immer.

Ein Objekt sollte das Blatt nicht auslassen –: und das ist der Herr Ratti aus Rom. Ich machte daraus eine stehende Figur, von vorn und von hinten, von unten und von oben. Und zwar nie gegen die Kirche, sondern immer mit ihr – nie gegen die Katholiken, sondern für die Jungen unter ihnen, die maßlos Enttäuschten, die im Stich gelassenen. Die große Fresse, die der böse alte Mann gegen Stalin hat –, das ist wie bei Ullsteins: Stalin inseriert nicht. Gegen Hitler traut er sich nicht. Das würde ich egalweg bebildern. Sie werden sich damit viele Freunde erwerben.

Bei einem Abdruck von Goebbels' Elaboraten vergessen Sie nie: Tadel ist auch Reklame.

Na, damit Gott befohlen. Vom Blättchen höre ich lange nichts mehr; ich bin auch ganz verkrochen und möchte meine Ruhe haben, zur Zeit.

Mit allen guten Wünschen für Ihre Arbeit und herzlichen Grüßen

stets Ihr
Tucholsky

Bitte geben Sie mich nicht unter Ihren Mitarbeitern an. Ich heiße weder Döblin noch Thomas Mann, und wenn ich mich neben Sie gegen die da in Deutschland stellen soll, dann allemal. Aber literarisch soll das sauber sein. Ein Witzblatt hat viele anonyme Beiträge – und schließlich tue ich doch gar nicht mit.

AN ANNETTE KOLB

29–2–32

Liebe Kolbannette,

Du hast mir mal im Sommer geschrieben, was es denn nur mit dem «Simplicissimus» wäre, und es wäre doch ganz erschröcklich. Ich habe mir also das Blatt genau angesehen und schließlich an den Herrn Redakteur geschrieben. Von dieser Korrespondenz gebe ich Dir Kenntnis – bitte schicke sie mir nach Lesung zurück.

Damit wir uns recht verstehn:

Ich bin kein Aufsichtswart deutscher Zeitschriften. Der «Simpel» kann schreiben, was er lustig ist. Aber ich halte im übrigen diesen Briefwechsel für sehr bezeichnend. Wie reden wir doch lieblich aneinander vorbei –!

Daß kluge und anständige Menschen nicht fühlen, wie zeitabhängig sie sind! Wie wir es alle sind. Ich halte mich nicht für den lieben Gott – der Schoenberger glaubt aber, seine Haltung und die Heines, Schillings pp. sei «*der* gesunde Menschenverstand». Dabei sind diese Leute nicht einmal gut informiert, was ja die erste Bedingung für eine gute Satire ist. Das ist im großen ganzen «*Münchner Neuste Nachrichten*» – vor allem in außenpolitischer Hinsicht. Das arme gute Deutschland, das unschuldige Kind! Keiner Maus tut es etwas zuleide! Und das böse Frankreich! Und der blöde Völkerbund – natürlich ist er blöde und machtlos – aber:

Wer hat ihm denn Macht übertragen –?

Kurz: es ist ein Jammer. Die Sache liegt hier so verzweifelt, weil hier bestimmt nicht irgendeine Aktiengesellschaft dahinterliegt. Die großen Verleger, die heute umfallen –: das ist einfach. Es ist ein Geschäft. Sie werden entweder von der Regierung direkt bezahlt oder von ihrer Angst mittelbar getrieben, das ist in Frankfurt und in Berlin so. («So übel ist doch der Hitler eigentlich gar nicht . . .») Aber hier hast Du das deutsche Bürgertum: ahnungslos, genau wieder so ins Unglück taumelnd . . . der Mann da in München wäre höchst erstaunt, wenn man ihm sagte, daß er mithilft, den nächsten Krieg vorzubereiten.

Meine Liebe, es ist ziemlich aussichtslos.

Wenn ich an Deutschland denke, bin ich zwar nicht um den Schlaf gebracht, aber es freut einen nicht mehr. Wenn es nicht in die Hölle kommt, so nur, weil es ein paar bezaubernde Schriftsteller gehabt hat. Darunter meine allerbeste und geliebte und gute und ewigjunge [. . .]

AN HERBERT IHERING

Lieber Herr Ihering,

ich habe Ihre Aufsätze im «*Börsencourier*» und im «*Tagebuch*» gelesen, die sich mit dem Deutschlandbuch befassen. Der Ton der beiden Arbeiten entspricht genau meiner Erinnerung, die ich aus S. J.s Zeiten an Sie habe: rein, sauber, klar und sachlich. Wer soviel Leute kritisch schlachtet wie unsereiner, darf nicht empfindlich sein.

Die gute Hälfte Ihrer Vorwürfe halte ich für diskutierbar (den vom «Genießer» nicht – der ist aus einer Kanone geschossen, die Sie so scharf ablehnen). Ich habe mir selbst in der «*Weltbühne*» attestiert, daß dieses Buch etwas Anachronistisches hat; es ist gewissermaßen eine abschließende Bilanz – von der Schwierigkeit, seelische Situationen mit Fotos zu belegen, ganz zu schweigen. Unter den zahlreichen Kritiken, den negativen und den positiven, die das Buch erhalten hat, steht die Ihre weitaus am höchsten. In einem Punkt aber gehen wir auseinander.

Sie gebrauchen die Worte: «Nun schreibt er immer wieder dieselben Aufsätze . . .»

Lieber Herr Ihering, waren Sie in den letzten Monaten einmal auf einem deutschen Gericht oder in einer deutschen Strafanstalt? Das sollten Sie nicht versäumen. Ich habe mir im letzten Jahr vieles in Deutschland angesehen, worüber ich nirgends referiert habe; und was mich erschreckt hat, das ist die Fortdauer einer wilhelminischen Gesinnung, die zwar die Zierrate des Gardehelms abgelegt hat, aber in karger neuer Sachlichkeit brutal und kalt Schweinereien verüben läßt, schlimmer als unter dem Seligen, wo durch eine gewisse Bordeaux- oder Biergemütlichkeit manches gemildert wurde.

Natürlich wird in der Provinz und in Berlin ehrlich von links her dagegen angekämpft. Mit welchem Erfolg –?

Nicht das ist das Gefährliche, daß mich Ihre Aufsätze etwa vor der «*Deutschen Zeitung*» kompromittieren; wäre das ausschlaggebend, dann müßten wir uns ständig gegenseitig für Genies erklären, aus Angst, die Nationalisten könnten einen Tadel gegen uns auswerten. Die Gefahr steckt vielmehr darin, daß in der allgemeinen Beruhigung ein ordentlicher, glatter Nationalismus, ein sauber rasierter Kapitalismus, eine fein gebügelte Unterdrückung der Arbeiter überall zu spüren ist – also auch in den Kreisen der bürgerlichen Intellektuellen. Risiko? Mir scheint das Risiko eines «Stellungnehmenden» erheblich kleiner zu sein als das eines Schriftstellers, der hart zuschlägt – jenem erwidert höchstens der Gegner mit einem schönen Aufsatz – diesem schlagen sie, wenn sichs macht, die Knochen entzwei.

Lehnt einer diese deutsche Welt, so wie sie da ist, in Bausch und Bogen ab und tut er das noch in einer ästhetisch unbefriedigenden Form, dann steht er jenseits der «seriösen» Leute. Mir macht das nichts, und so sehr ich Ihnen recht gebe, wenn Sie schreiben, daß dem Buch der Hinweis darauf fehlt, daß es ja anderswo genauso ist, so sehr vermisse ich in Ihren Aufsätzen Gefühl für Blut und Tränen. Hören Sie das nicht? Hören Sie nicht den unterirdischen Schrei, der oft keinen künstlerischen Ausdruck findet und den man mit allen raffinierten Mitteln unterdrückt, wo man nur kann? Im Rundfunk dürfen wir nicht, in der Presse sollen wir nicht, im Kino können wir nicht – bleibt das Buch. Immer, wenn ich schreibe, denke ich an das Leid der Anonymen, an den Proletarier, den Angestellten, den Arbeiter, an ein Leid, von dem ich durch Stichproben weiß. Das wissen Sie auch – Sie müssen das wissen, und ich will lieber den Vorwurf auf mir sitzen lassen, künstlerisch nicht befriedigt oder aus Empörung über das Ziel hinausgeschossen zu haben, als ein Indolenter zu sein. Und glauben Sie mir –: wenn ich immer dasselbe schreibe, tue ich das bewußt. Es ist vielleicht langweilig, Jahr um Jahr Salvarsankuren zu machen; Kamillentee wäre vielleicht abwechslungsreicher – aber man muß das wohl. Auch die Spirochäten bleiben ewig dieselben.

Ich werde mich freuen, Ihnen während meines berliner Aufenthaltes zu begegnen, und ich bin mit den besten Grüßen

Ihr wie stets ergebener
Tucholsky

Zerreiß den Brief gefälligst . . .

. . . schrieb einst ein Herr W. M. in Paris, Festdichtungen en gros für alle Bekenntnisse, unter einen Brief an Herrn K. T., seinerzeit daselbst, Mitglied des Reichs-Wildschützen-Vereins. Doch dieser tat nicht, wie ihm geschrieben, sondern bewahrte den Brief auf, um ihn später zu veröffentlichen, was Herr Ch. D. G., hätte er noch gelebt, sicherlich ebenso als Hemdenauszieherei benörgelt hätte oder haben würde wie die Herausgabe des Briefwechsels zwischen den Herren J. W. G. und F. Sch. Anno achtzehnvierundzwanzig.

Aber wer bringt es schon übers Herz, einen Brief — und auch noch gefälligst – zu zerreißen, wenn er weiß, daß er, der Brief, mit der Zeit nur wertvoller werden kann?

Pfandbrief und Kommunalobligation

Meistgekaufte deutsche Wertpapiere - hoher Zinsertrag - bei allen Banken und Sparkassen

Verbriefte Sicherheit

Berlin, 9. August 24

Lieber verehrter Herr Harden,
ich bin das andere Königskind – und Ullstein ist viel zu tief. Ende
Juli bin ich auf Wunsch der berliner Herren weggefahren, um ihnen
hier ein bißchen zu helfen und vor dem 1. September werde ich kaum
in Paris sein. Es tut mir außerordentlich leid, daß ich Sie nicht antref-
fe – ich kann Ihnen gar nicht sagen, wie. Ganz abgesehen davon, daß
es mir eine Freude gewesen wäre, Ihnen nach allen Kräften behilflich
zu sein, hätte ich sicherlich tausend Sachen und Menschen gesehen, die
ich ohne Sie niemals zu sehen bekommen werde. Ich habe auch von
Herrn Bird einen sehr netten Brief bekommen und bitte Sie freund-
lichst, ihn recht herzlich von mir zu grüßen. Es ist sehr schade, daß
Sie nur einige Tage in Paris bleiben wollen, denn das habe ich mir
immer lange gewünscht, einmal mit Ihnen nicht unter dem berliner
Himmel zu plaudern. Wann wieder?
    Hier ist es scheußlich, wie je, trotzdem werde ich mich sehr freuen,
Sie in Berlin zu begrüßen, leben Sie inzwischen recht wohl und haben
Sie gute pariser Tage.
    Mit den allerherzlichsten Grüßen

Ihr alter und sehr ergebener
Tucholsky

14-4-26

Sehr verehrter Herr Harden,
Ihr Brief hat mich gefreut, weil ich aus ihm gesehen habe, daß nicht
«alles aus ist». Darf ich Ihnen Punkt für Punkt antworten –?
    In der oberschlesischen Sache habe ich damals nicht richtig gehan-
delt – ich bedaure heute, was ich damals tat. Daß die von mir gefor-
derte Kommission der USP mich freisprach, beweist mir nichts – ich
weiß es besser. Ich hätte das nicht tun dürfen.
    Die Stelle in der «Menschheit» ist mir mächtig auf die Nieren gegan-
gen, eben, weil sie nicht gehässig war. Ich bin natürlich der allerletzte,
der über meine Verbindung mit dem «Uhu» eine Entscheidung fällen
kann. Mich rief vor einem Jahr ein alter Jugendfreund, der bei Ullstein ist, in Paris von Berlin aus an: ob ich ihm nicht beim Aufbau
dieses Magazins helfen wolle. Ich nahm das an. Ullstein versuchte dann,

mich in Berlin als ständigen Redakteur zu halten, und das lehnte ich ab. Meine Arbeit in den fünf Wochen war fast nur technischer Natur – ich hatte das Gefühl, mich dafür nicht zu eignen.

Sonst aber identifizieren Sie mich mit Ullstein. Sie haben oft der «Neuen Freien Presse» Artikel gegeben, aus Gründen, die mich nichts angehn. Identifizieren Sie sich mit der Politik des Blattes? Ich habe bei Ullstein das mir sehr angenehme Gefühl: er kauft eine Ware, niemals hat eine Beeinflussung stattgefunden, niemals hat Bernhard oder irgend ein andrer jemals meine Freiheit angetastet, mir je übelgenommen, daß ich an anderer Stelle, wo ich Politik mache, genau das Gegenteil von der Politik der «Vossischen Zeitung» schreibe, in der selten auch nur eine politische Andeutung von mir steht. Was da steht, ist natürlich zu diskutieren.

Sie wissen besser als ich, daß vieles von innen anders aussieht als von außen. Ich halte Margueritte für keinen guten Schriftsteller und habe das auch nie gesagt. Damals, als ich bei ihm war (und sein Buch nicht kannte) schien mir sein Pazifismus unterstützenswert – seit ich das Buch gelesen habe und sein Vorleben genauer kenne, kein Wort mehr über ihn. Poincaré habe ich, als ich in Deutschland war, immer verteidigt – hier sehe ich nun alle Einzelheiten und bin der Meinung, daß seine Politik nicht gut gewesen ist. Durchaus verständlich – aber nicht gut. Schon deshalb nicht, weil er nicht einmal durchgesetzt hat, was er wollte. Daß er in Frankreich selbst unendliches Unheil angerichtet hat, scheint mir sicher. Er hat das wilhelminische Deutschland ganz richtig beurteilt – er hat niemals verstanden, welche enormen Chancen Frankreich jahrelang bei uns gehabt hat. Seine Reden sind nicht angenehm, seine Haltung so sauber wie die keines deutschen sozialistischen Ministers – aber ich mag ihn nicht.

Das kann man nun falsch finden, selbstverständlich. Aber wenn Sie glauben, daß ich das geschrieben habe, um mich «beliebt» zu machen – lieber Herr Harden, ich bin es gewiß nicht. Jedesmal, wenn ich in der «Vossischen Zeitung» ernsthaft radikal werde, sehe ich aus den Briefen, wie wenig die Herrschaften, die das lesen, dafür zu haben sind. Also Blumentöpfe kann man damit nicht gewinnen.

Mit Ludwig sieht das ähnlich aus.

Ich habe in der «Weltbühne» seinem Buch einen langen Artikel gewidmet, der fing an: «Dieses Buch ist lediglich nach seiner Wirkung zu beurteilen.» Diese Wirkung halte ich für gut. Das haben manche meiner Freunde so stark bestritten wie Sie es tun – aber ich habe nachweislich nicht einmal von Ludwig gesagt: welch ein Mann! Welch ein Charakter! Was ein Kerl! – Aber in dem Augenblick, in dem Geßler ihn per «Cohn» angriff, also genau das wiederholend, was andere Schufte mit «Isidor» getrieben haben, war ich der Meinung: nun muß man zu ihm stehen. Ich lasse mir jederzeit von einem Mann Ihres Ranges sagen: du hast geirrt, kein noch so großes Verdienst kann über die abscheuliche Kriegshaltung Ludwigs hinwegtäuschen, du irrst – es ist falsch, was du da machst. Aber nicht einmal von einem Mann Ihres Ranges ließe ich sagen: Ah – er will injeladen, beliebt, hofiert werden – er ist arriviert. Hoesch? Du lieber Gott, ich weiß zufällig authentisch, daß er mich unter die «outsider» rangiert, und ich habe niemals etwas getan, um ihn aus diesem Glauben zu wecken. Und kein Wort über die Apostel der Versöhnung? Es widerstrebt mir durchaus, Ihnen Artikel zuzuschicken – aber was ich Kerr und Mann ins Stammbuch geschrieben habe, werden sie sich kaum hinter den Spiegel stekken. Man kann es nicht deutlicher sagen: diese Bestrebungen sind sinnlos. Und das habe ich gesagt.

Selbstverständlich haben Sie ein Recht, mich zu kritisieren – und ich danke Ihnen dafür, weil ich weiß, aus welchem Loch der Wind pfeift. Bestehen bleibt eine Tatsache:

Die Tatsache, daß ich nicht nur in kommunistischen Blättern und der *«Weltbühne»* schreibe, kann mir zum Vorwurf gemacht werden.

Aber für jede Zeile, die anderswo steht, stehe ich grade.

Sie, dessen Papierkörbe mit den törichtsten Angriffen gestopft voll liegen, werden nicht verlangen, daß ich Ihnen die Mappen zeige, in denen der Unrat der Nationalisten aufgehäuft liegt. Das ehrt ja kaum noch. Aber womit hätte ich das Recht verwirkt, Ebert anzugreifen – etwa damit, daß ich Bernhard nicht angreife? Dazu sähe ich nicht einmal dann Anlaß, wenn ich nicht bei der *«Voss»* wäre. (T. W. erscheint mir tausendmal abscheulicher.) Es klafft ein Riß zwischen meinem Kampf und meiner Beteiligung an milden Blättern – aber es ist gar kein Widerspruch zwischen meinem Kampf und dem, was ich da tue.

Vieles, was Sie bemängeln, ist eine Temperamentsfrage.

Sehen Sie, als Kerr hier war und der Musterschüler Mann, bat mich S. J., ich sollte ihm alle Einzelheiten schreiben, die ich ihm nur brieflich gegeben hatte. Denn es war ja zum Heulen, wie es hier zuging. Ich habe das nicht getan. Sie kennen mich immerhin etwas: glauben Sie wirklich, ich hätte das nicht getan, weil ich bei Hoesch Kaffee trinken will? Ich tat es nicht, weil mir der kleine Klatsch, der Kleinkram für die *Sache* unwesentlich erschien. Ich habe nur gesagt: die Arbeit dieser Friedensfürsten wäre selbst dann unsinnig, wenn sie im Kriege hieb- und stichfest gewesen wären – selbst dann, wenn es ganz ehrlich dabei zuginge. Und der Meinung bin ich auch heute noch.

Das ist nun ein sehr langer Brief geworden – und ich möchte nicht, daß Sie «Uff» sagen. Mir sind aber unsere Unterhaltungen, die große Stütze, die Sie mir sachlich und menschlich in meiner schlimmsten

Zeit gewesen sind, viel zu gut in der Erinnerung. Und weil sie das sind, weiß ich auch, daß ich meine Fehler wohl aus einem Grunde mache: ich lebe nicht mehr in Deutschland. Es drückt mich nicht mehr so, es lastet nichts auf mir – ich atme freier. Und nuckele oft mit dem Kopf, wo ich früher zugeschlagen hätte – weil die Sonne scheint, weil der Wein schmeckt, weil die Nerven nicht vom Nebenmann gestoßen werden. Zurückgekehrt, würde ich sicherlich härter werden.

Kommt noch dazu, daß ich das Gefühl einer negativen Sterilität nicht los werde, wenn ich den ganzen Tag umherlaufe, um mitzuteilen, daß Gerlach ein alter . . . ist, und daß der nichts taugt und jener nichts . . . Schweigen und vorübergehn ist auch eine schöne Losung.

Wir haben uns vor zwei Jahren in Paris verfehlt – und ich wäre froh, wenn Sie herkämen. (Dieses Mal können Sie, wenn Sie nur wollten, bei mir wohnen – damals hätte ich das anzubieten mich nicht getraut, so klein war meine Wohnung.) Ich bin kein interessanter Unterhalter – und höre gern zu. Aber wenn pariser Spaziergänge, die wir unternehmen, für Sie auch nur ein Tausendstel Genuß bedeuten würden wie für mich – dann werden Sie sich nicht langweilen.

Sie wissen, daß ich niemals zu Ihren «Anbetern» gehört habe – und ich glaube auch nicht, daß Ihnen an dieser Sorte etwas liegt.

Aber so wenig es jemals nötig gewesen ist, Franzosen zu sagen, wer Sie sind: mit den lieben Landsleuten habe ich hitzige Schlachten geschlagen. Es ist mir nicht gegeben, Ihnen zu wiederholen, was ich da in bezug auf Sie gesagt habe. Aber eins will ich Ihnen doch sagen:

Es ist ein Jammer, daß die «Zukunft» nicht mehr erscheint. Sie hätte im Ausland dieselbe Resonanz wie früher – also die einzige, die aus diesem Lande her möglich ist. Und es wäre eine Herzstärkung – denn man kann zwar mutig hinter Ihnen herschelten, weil Sie nicht zurückschlagen, aber ersetzen kann man Sie nicht.

Bitte seien Sie versichert, daß ich jede Kritik von Ihnen so aufgefaßt habe, wie sie gemeint war. Und daß ich bei manchen Namen, die Sie genannt haben, sehr, sehr nachdenklich geworden bin. Manches habe ich nicht einmal gewußt.

Im Juni und Juli werde ich wohl verreist sein. Sollten Sie aber – was ich kaum zu hoffen wage – doch herkommen wollen, dann lassen Sie es mich bitte eine Spanne Zeit vorher wissen: ich stehe Ihnen völlig zur Verfügung, und ich hoffe, Ihnen dienlicher sein zu können als das vorige Mal.

Mit allen guten Wünschen für Ihre Gesundheit und den herzlichsten Grüßen

in alter Gesinnung
Ihr Sie hochschätzender
Tucholsky

Sehr verehrter Herr Harden,
ich danke Ihnen herzlichst für Ihren freundlichen Brief. Darf ich dazu noch ein paar Punkte erläutern, an deren Aufklärung mir liegt –?

Den «*Uhu*» einzurichten habe ich damals eigentlich nicht so sehr des
Geldes wegen, als um meiner Freundschaft willen zu einem der Ver-
lagsmänner übernommen; er bat sehr darum, und was er mir erzählte, klang zum mindesten harmlos. Meine weitere Entscheidung kennen Sie.

Poincaré: Sie hätten neulich Lévy-Bruhl hören sollen, der Ihnen
gewiß nicht maßgebend sein soll, der aber in seiner überaus heftigen
Ansicht gegen Poincaré die Mittelmeinung vieler linker Franzosen
während einer Tischunterhaltung gab: er habe maßloses Unheil angerichtet, er sei ein kleiner Nationalist, der die schlechten Elemente
Frankreichs in ihrer Politik bestärkt habe und so fort. Ob das richtig ist, steht dahin – aber wenn mir etwas bei meiner Beurteilung des
Mannes gleichgültig gewesen ist, so war es die landläufige nationalistische Ansicht der Deutschen. Was Sie – und Sie allein über seinen
Sturz sagen, stimmt auf den Punkt. (Wie man überhaupt den Eindruck hat, als lebten Sie hier und nicht in Berlin.)

Ludwig: da kann ich mich täuschen. Mein Bericht ist, wie alle meine
Artikel seit zwei Jahren, im Brief abgegangen (also kein Telegramm)
– und es brauchte nicht Emil Ludwig zu kommen, daß ich nach
Hause über Deutsche in Paris berichtet habe – es fällt das durchaus in
mein Ressort. Nun war ich der Meinung, daß die

Wirkung
des Buches günstig sei. Ich lasse mich da gern – wie in allen andern
Dingen – von Ihnen eines bessern belehren; [. . .] ich habe immer
und immer nur an die Wirkung des Buches gedacht. Irre ich mich da –?

Und nun kommt mein Haupteinwand gegen das, was Sie mir vor-
werfen, und ich höre zu, wenn Sie dergleichen sagen, und nichts hat
mich so gefreut wie das Zitat des bearbeiteten W. Heine mit der «un-
seligen Natur». Der ist freilich eine selige. Also:

10–5–26

Einen großen Teil der Fehler habe ich ja bei Jacobsohn gemacht, in
der «*Weltbühne*», die mich nicht nur alles, aber auch alles sagen läßt,
sondern die es gradezu und zu wiederholten Malen verlangt hat.
Wenn ich *da* nicht scharf genug bin, wenn ich *da* geschwiegen habe, wo
Sie zugeschlagen hätten: Ist das auch nur Konjunkturpolitik? Die hätte
doch nur bei Ullsteins Sinn, also ists was anders, und ich weiß auch,
was es ist.

Es sind echte und richtige Fehler, die da vorgekommen sein mögen

– Fehler, die auf einer manchmal vorhandenen Vertrauensseligkeit beruhen, auf Unkenntnis, auf allem andern, auf allem – nur nicht auf dem Wunsch, irgendeiner großen oder kleinen Zeitung zu gefallen.

Und dann ist da noch ein Punkt Ihres Briefes, der einzige, dem ich auf das schärfste widersprechen muß. Das ist die Stelle, die sich mit S. J. befaßt. Ich kenne Ihre geschäftlichen Beziehungen zueinander nicht, ich kann nicht beurteilen, was Sie mit ihm vorgehabt haben. Wenn Sie aber schreiben, daß er Sie zu schädigen bemüht ist, so tun Sie ihm Unrecht. Ich weiß aus Erfahrung und langjähriger Redaktionsarbeit, daß er den verschiedensten Versuchen, Angriffe gegen Sie zu lancieren, stets und auf das allerstrikteste mit der Antwort entgegengetreten ist: «Harden wird bei mir nicht angegriffen. Wenn Sie auf diesem Angriff bestehen, muß ich auf den Artikel verzichten.» Er hat mir auch eingehend auseinandergesetzt, wie Sie damals, als alle auf ihm herumhackten, zu ihm gestanden haben, und daß er das nicht vergessen kann.

Ich habe weder Veranlassung noch Interesse, mich in eine Diskrepanz zu mischen, deren Gründe ich nicht kenne – schädigen will er Sie keinesfalls.

Habe ich richtig gelesen: Fritz Huf? und kenn ich den? Oder habe ich eine Anspielung nicht richtig verstanden? Im allgemeinen sehe ich Deutsche erfreulich wenig, ich arbeite sehr in der Stille.

Eine von Ihnen vorgeschlagene Gründung eines «Deutsch-Französischen Jahrbuchs» ist *nur* von Berlin aus zu machen. Ich brauche Ihnen nicht auseinanderzusetzen, wie wenig sich Franzosen für andere Länder interessieren, und nun gar erst, wenn sie sich geschäftlich beteiligen sollen. Dagegen sind unsere Verleger an Großzügigkeit die wahren Rockefellers. Wovon französische Literaten leben, ist mir ein Rätsel, ihnen übrigens auch.

Was die «Annäherung» anbetrifft, so habe ich mir angewöhnt, hinter jeden Satz still für mich zu sprechen: «bis zum nächsten Krieg.»

Es wäre *doch* sehr schön, wenn Sie einmal herkommen können. Für eine möblierte Wohnung können Sie mit etwa 250 Mark monatlich rechnen. Wann –?

Bis dahin in alter Verehrung

Ihr wie stets ergebener
Tucholsky

Dänemark, 12–6–27

Sehr verehrter Herr Harden,

es hat mir ganz besonders leid getan, daß es mir nicht mehr möglich gewesen ist, Sie vor meiner Abreise noch einmal aufzusuchen. Nehmen Sie bitte so schönsten Dank für Ihre freundlichen Zeilen.

Inzwischen bin ich nach Dänemark gemacht – zur Erholung, und ich werde wohl kaum zurückkommen, sondern wieder in Paris oder sonstwo im Ausland bleiben. Es hat das sachliche und persönliche Gründe. Die persönlichen hätte ich Ihnen gern mündlich auseinandergesetzt . . .

Die sachlichen sind so, daß Deutschland – wie ich grade Ihnen nicht auseinanderzusetzten brauche – kein sehr freundlicher Boden ist. Ich werde da meines Lebens nicht froh, und ich fürchte, daß man das auch meinen Leistungen angemerkt hat. Wenn man nicht eitel und nicht rechthaberisch ist, macht das wenig Spaß, was ich da tun mußte – es sei denn, man fühlte die Sendung in sich. Und davon ist 1927 nicht grade die Rede. Schwierigkeiten gabs mit den Mitarbeitern wenig – ich fand, im Gegenteil, eine gradezu rührende und überall freundliche Hilfsbereitschaft und Kameradschaftlichkeit (übrigens ganz besonders von unserm gemeinsamen Berthold Jacob).

Ich habe mit Frau Jacobsohn nun einen Mitarbeitervertrag abgeschlossen, der mir dieselben Pflichten auferlegt, wie ich sie unter S. J. gehabt habe – aber ich fühle deutlich, daß mir der Mann nicht ersetzlich ist. Das hat nun gar nichts mit Überschätzung zu tun –: es ist das ein rein persönliches Verhältnis gewesen, das sehr stark an Vater und Kind erinnert, und ich glorifiziere nicht nachträglich – ich merke nur mit jedem Tag, was allein seine Existenz für mich bedeutet hat. Welchen Wert und welche Bedeutung die objektiv für andere gehabt hat, ist eine andere Sache.

Wenn Sie einmal Lust und Zeit haben, mir ein paar Zeilen zu schreiben (bitte an die Weltbühne, ich reise noch so umher) – dann wird sich sehr freuen

Ihr Ihnen alles Gute wünschender und ergebener
Tucholsky

AN FRITZ TUCHOLSKY
Genannt Kohn

Post: Weltbühne 18–1–31

Juda, verrecke –!
kann man da nur sagen.

Lieber Kohn,
schönen Dank für Deinen großen Schrieb, den ich gern ebenso ausführlich beantworten will. Zu Beginn:

Ich gratuliere Dir schön zu Deiner Verlobung und wünsche Dir alles Gute dazu!

Juda verrecke, deswegen, weil Du mich vor langer Zeit einmal an-
gehauen hast, was Du im Falle eines Falles machen solltest. Daraufhin
habe ich Dir geschrieben, daß ich einen Reservefond für Dich anlege
– und dann hast Du nie mehr geschrieben. Du bist ein kolossaler Kalbs-
kopf.

Ebenso steht das mit meiner Adresse. Du alter Bock, ich lasse an
alle Leute, die ich in irgend einer Form kompromittieren könnte, meine
Post von *Berlin* aus abgehen – und wenn, was ich keinesfalls glaube,
Du nun wirklich mal in die Zwangslage kämst: «Geld oder Leben –
wo ist Ihr Bruder?» dann gibt es keinen Gewissenskonflikt und gar
nichts – sondern Du kannst ehrlich sagen: ich weiß es nicht. Haste das
kapiert? Mensch, manche sind so doof – wenn die so lang wärn wie sie
doof sind, da könnten sie aus der Dachrinne saufen. J'ai dit.

So – also nun zu Deinem Brief.

Was Du über das Blättchen schreibst, ist im Endeffekt richtig. *Für*
die Redaktion spricht die ungeheure geistige Verwirrung, die allent-
halben herrscht – gegen sie spricht vieles. Ich kann es von der Fremde
aus nicht ändern. Und ich will mich nicht nach Berlin setzen – vielleicht werde ich mein Leben an ein fremdes Unternehmen verströmen –
das fällt mir gar nicht ein. Also müßte ich mich an dem Blatt wirklich beteiligen, und das will ich aus vielen Gründen auch nicht.

Wenn nicht, warum nicht? Sag es keinem weiter: weil mich das Ganze nicht mehr interessiert. Ich habe es satt. Was Du ja aus meinem
permanenten Schweigen zu einigen dicken Aktualitäten gesehen haben wirst. Ich werde keinen «Verrat» begehen – ich habe weder die
Absicht, katholisch zu werden, noch zu Goebbels zu gehen oder sonst
etwas Fulminantes zu machen – ich habe es satt. Du glaubst nicht,

wie das Land von außen aussieht: ein Haufen neurasthenischer Irrer, die samt und sonders, jeder für sich, unrecht haben. So etwas von Mißverständnissen, von Nebeneinanderher, von Aneinandervorbeireden . . . nein, mein Lieber, dazu bin ich nicht auf der Welt. Ich richte ja auch nichts aus. Mein Weg führte unbedingt in das Liebknecht-schicksal – ich bin nicht feiger und nicht mutiger als Du auch – ich mache meinen Stiebel, wenns sein muß – aber ich will das gar nicht. Schlügen sie mich heute tot: was wäre dann? Dann kriegte ich einen Nekrolog, und den kann ich mir auch alleine schreiben. Es lohnt nicht.

Der Versuch, die KPD und die SPD im Hinblick auf die Faschisierung zusammenzukriegen, halte ich für aussichtslos. Man hat das ja wiederholt probiert; sie sind ja aber alle so im Apparat befangen – sie sehen immer nur ihren Parteikram – was hat unsereiner dabei zu suchen?

Das klingt sehr resigniert – ist es aber gar nicht. Ich bin Schriftsteller – kein Parteiführer. Und mich interessiert weder das Land genügend noch seine Nöte – wo ich mit meinem Herzen stehe, weißt Du – aber mit meinem Verstand – das kannst Du nicht verlangen. Trott von Gefangenen im Hof – so ist mein Leben nicht.

Ergel habe ich mich an einer kleinen Geschichte versucht, die im April erscheinen wird – man wird ja da sehen. Und ich werde an ein dickes Buch herangehen, was natürlich dauert. Ich schmeiße nichts hin, mache meinen Kram, so gut ich kann – aber ich bin nicht mehr 22. Im übrigen lerne ich ein bißchen englisch, sitze in der Stille, habe erst eine Grippe gehabt und lese sehr viel. Im Frühjahr werde ich mich auf die Achse setzen und rollen: sicherlich nach Paris, und dann irgendwohin, vielleicht England, um da zu arbeiten. Das kostet nur das Reisegeld, denn auf dem Land stille sitzen ist nirgendwo teuer. Und ich habe es mit den Städten leicht über.

So – das von mir.

[. . .]

Ja, das wärs. Nach der Fertigstellung des kleinen Buches, dessen Korrekturen mir noch drohen †††, habe ich etwas pausiert, und nun gehts wieder los.

[. . .]

Ja – det Buch kriecht Ihr. Es kommt auch, wenn Goebbels inzwischen nicht regiert, ein neuer Auswahlband heraus – den kriegt Ihr auch – aber erst in der zweiten Hälfte des Jahres.

Na – denn mit vielen schönen Grühsens

hochachtend
Euer ehemaliger Bruder
Kurt

Lieber Kohn,

[. . .]

Woher kennt Deine Braut meinen hamburger Freund? Er hat nicht nur einen Herzanfall gehabt, sondern er ist gestorben, mit 42 Jahren, der böseste Schlag, der mich seit dem Tode S. J.s betroffen hat. Es ist sehr bitter – neue kommen doch nun nicht mehr dazu . . . Hm.

Na, also vor allem gratulier ich Dir herzlichst. Ich werde ja nun allerdings nicht in Berlin sein können – denn gegen Pfingsten bin ich schon in Paris; ich kann das leider nicht mehr umschmeißen. Schade, daß ich das nicht früher gewußt habe, Kohn. Ich glaube, daß Du richtig handelst – es ist doch immer gut, zu wissen, wohin man gehört. Grüße bitte Deine Braut von mir recht schön und sag ihr, sie soll Dich so streng halten, wie Du es nötig hast – und wenn Du den kleinen Tyrannen markierst, dann soll sie Dir auf den Schnabel hauen – das täte uns Tucholskys ganz gut, wenn es eine kluge Frau macht . . .

Schick mal bitte ein Bild von ihr.

Ich schreibe weiter für Ullstein; Mosse hat nur die kleine Geschichte erworben – Du bekommst die Buchausgabe im Mai. Sie ist schon im Druck.

Sonst wäre nichts als viel Arbeet, daß es nur so knackt. Kann sein, daß ich zu Jannings auf seinen Besitz nach Österreich fahre, ich habe jetzt sieben Monate stille Einsamkeit hinter mir – nun möchte man wieder mal Leute sehn. Zum erstenmal nicht mehr über Hamburg, das möchte ich für lange Zeit nicht wiedersehen.

Hatché, Kohn – schreib mal –

Deinem ehemaligen Bruder
Kurt

11–7–33
Papas Geburtstag

Lieber Kohn,
wenn Dein unnumerierter Brief als 4 zählt, ist alles in Butter.

Zu Deinem letzten:

Na, da sieh mal zu, ob es nicht doch was wird. Natürlich wäre die Sache mit dem Reisebüro gut. Bei dieser Gelegenheit: Du schreibst da, man habe Dir ein Buch mitgebracht, das Dir sehr dienlich sein wird. Gut. Aber wie machen die Leute das? Ist die Überwachung also nicht so streng? Merkwürdig.

Daß der Zusammenschluß zwischen den beiden Blätter nichts wird, ist eine Erzkapitalsdummheit. Hätten alle diese Kreise *ein* Blatt, so hielte sich das jahrelang. Durch die Zersplitterung wird nicht, wie sie meinen, das Interesse geweckt, sondern gelähmt. Nach einem Jahr, wenn das keine Sensation mehr ist, wird man alle diese Publikationen beiseite schieben. Na, laß sie.

Abdruckshonorar von Wendriner mag ich nicht reklamieren. Das wäre in Anbetracht des kleinen Honorars und weil es auch nur ein Nachdruck ist, bei dem die Hammel leider die Jahreszahl der Entstehung – 1930 – nicht hinzugesetzt haben, also das wäre eine Kriegserklärung, und dazu habe ich keine Veranlassung. Ich stehe zu den Leuten in gar keiner Verbindung mehr.

Was K's angeht: natürlich habe ich nicht an landwirtschaftliche Arbeit gedacht! Was fällt Dir ein! Aber nach wie vor hielte ich einen solchen Posten für viel besser, eben, weil da kein Mensch ist. Es gibt dort reiche Juden, die Schnaps verkaufen oder sonst etwas handeln – wenn die Dich als Buchhalter nähmen oder für die deutsche Korrespondenz – das wäre eine großse Sache, die jeder Stellung in Prag vorzuziehen ist. Natürlich nimmst Du das erste, was sich Dir bietet – das ist ja klar.

Über die Haltung von Rußland kann es nur ein Wort geben: sie ist genau so schäbig und im tiefsten dumm wie die des Vatikans. Natürlich ist der Papst törichter als [die] Russen, er hat Angst vor ihnen, sie aber nicht vor ihm. Wie aber beide ihre Anhänger erst dirigieren, die große Fresse haben und dann sitzen lassen – ich finde das ekelhaft. Und noch ekelhafter, uns jetzt vorreden zu wollen, diese russische Schweinerei entspräche realpolitischen Gründen. So realpolitisch bin ich noch alle Tage. Ich brauche die Russen nicht, liebe sie nicht und kümmere mich nicht um sie. Da soll mir kein Kisch etwas hineinreden. Ich habe auch auf eine moskauer Umfrage gar nicht reagiert.

[. . .]

Sonsten geht es mir dreckig.

Dies wünscht Dir keinesfalls –

Dein ehemaliger K.

Halte mich stets über Deine Adresse auf dem laufenden.

Lieber Kohn,

Himmelarschundwolkenbruch – was ist das für eine verdammte Schweinerei, nicht die Adresse auf den Brief zu schreiben! Jetzt weiß ich nicht, wo Du bist – sicherheitshalber lasse ich das über den «Aufruf» gehn. Numeriert hast Du auch nicht. Alter Kaffer. Schreibe mal gleich – etwas Geld kann ich Dir schicken, viel nicht. Wohin?

[. . .]

Den Herrn mit dem Bart, den Du für einen Spitzel hältst, kenne ich auch nicht. Dank für die Warnung. Keine Sorge: es ist schon früher nicht leicht gewesen, an mich heranzukommen – jetzt ist es beinah unmöglich. Ich bin sehr reserviert, und was mir nicht gefällt, gedeiht nicht lange bei mir. Da ist nichts zu befürchten. Ich glaube überhaupt, daß die meisten dieser Leute nur deshalb gefährlich werden können, weil sie Beziehungen von uns nach Deutschland ausnutzen und ausspähen können und *dann* die Leute drinnen für uns büßen lassen. Und diese Beziehungen habe ich nicht. Ergo kann man mir.

[. . .]

«Simpel» und die andern Blätter, die mich auffordern: es geht mir wirklich nicht sehr gut. Ich kenne die Epochen meiner Schwäche sehr genau – es fällt mir gar nicht ein, mit schwachen Sachen herauszukommen und mir dann sagen zu lassen: «Ach . . .» Das schadet auch der Sache. Und obs ihr überhaupt etwas nützt, also, darüber habe ich so meine eigenen Gedanken. Wir wollen uns über alles das in einem Jahre wieder sprechen.

Sage mal – hast Du denn gar nichts in Palästina in Aussicht? Du mußt um Gottes willen nicht so handeln, wie wenn Du etwas Bestimmtes haben müßtest – dann kriegst Du nie etwas. Lieber Kohn, ich kann Dich nicht durchhalten – wenn Du auch nur das leiseste siehst, dann pack zu. Es bleibt gar nichts andres übrig.

Sonst wäre nicht viel. Ich lasse mich ab und an in der Nase brennen, damit die Zeit besser vergeht. Und so ist mir auch.

Das «Neue Tagebuch» ist journalistisch sehr gut gemacht. Trotzki in der WB ganz Nummer eins – Schlamm meist gut. Der Rest so langweilig, wie wenn das Blatt doktrinär wäre – es hat aber keine Doktrin. Also müßte es amüsant sein. Ich glaube nicht an alle diese Wege –

Schreib schnell Deine Adresse. Du Fatzke – und sei schönstens gegrüßt

von Deinem ajehmsten
K.

Lieber Kohn,

schönen Dank. Ich denke, daß ich Dir nochmal eine Kleinigkeit schicken kann. Dann aber wird es faul: ich verdiene keinen Pfennig und sehe nicht, wie das weiter geht.

Auf die Straßen, die Du geschrieben hast, kann ich mich nicht mehr besinnen – ich weiß nicht, was Du damit meinst.

Na, also das mit dem Programm war ein Spaß, ich habe nur so gefragt, denn es hat ja keiner eines. Schadenersatzforderungen haben keine Aussicht: übrigens fände ich es leicht komisch, wenn zum Beispiel ich das täte. Ist mir denn Unrecht geschehn? Krieg ist Krieg – ich halte alle Maßnahmen, die gegen mich gerichtet sind, für revolutionär erlaubt. Es ist nur schade, daß wir sie nicht angewandt haben. Ganz etwas anders ist es mit den Lagern und den Judenverfolgungen, sowie mit der ekelhaften Demütigung gegen Leute, die einmal anderer Gesinnung gewesen sind. Das ist unsittlich, was da gemacht wird. Aber welcher Gerichtshof sollte da entscheiden? Solange die Staaten (inkl. Rußland) an der absoluten Souveränität festhalten, was sie mehr als je tun, so lange ist gar nichts zu machen. Es gibt ja keinen internationalen Gerichtsvollzieher. Die Bourgeoisien aller Länder sind an der kommenden Aufrüstung viel zu interessiert, sie werden Deutschland nicht hindern, diesen Krieg da vorzubereiten. Im Gegenteil. Daher die Gelähmtheit, die Angst, die Mattigkeit – die Arbeiter sind müde, und die Bürger sind im allertiefsten Grunde auf Hitlers Seite. Was ihnen mißfällt, sind gewisse Schroffheiten der Methode. Vorläufig sehe ich nicht, daß die tatsächlich vorhandene tiefe Abneigung gegen das Kulturelle politische Folgen haben wird.

Die Sache mit dem Anwaltsbrief ist in Ordnung: die Scheidung ist inzwischen ausgesprochen worden. Hoffentlich läßt man die Frau nun in Ruhe. Es sind solche Schweine – sie hat viel auszustehn gehabt.

[...]

Neues wäre nicht. Mir geht es schlecht, wie immer – ich werde diesen Katarrh nicht mehr los, es ist nichts.

[...]

Wegen der Staatsangehörigkeit werde ich nichts unternehmen. Ich bin eher froh darüber. Es wird mir Lauferein machen – aber in der Sache selbst ist nichts zu sagen. Es klärt.

Hatché. Laß es Dir jedennoch gut gehn.

     Mit vielen schönen Grüßen hochachtungsvoll
     K.

Lieber Kohn,
schönen Dank für Deinen allerwertesten vom 7. 1.

[...]

Dank für alle guten Grüße und Wünsche. Ja, das ist nun so – vielleicht schaffe ich es nochmal, ich habe noch im Sommer eine Kur vor, das ist so ziemlich die vorletzte Hoffnung. Dann will ich es auch an der See versuchen – *mal* muß das ja weichen. So jedenfalls ist an Arbeit überhaupt nicht zu denken. Natürlich noch aus einem andern Grunde.

Es ist ganz und gar ausgeschlossen, die alte Rolle weiterzudrehen. Erstens will ich es nicht und kann ich es nicht – und dann: ja, haben denn diese ganzen Kerle auch nicht für einen Sechser Selbstbesinnung? Man kann unterliegen, das ist gewiß keine Schande. Aber man muß sich doch fragen: *Warum* ist das so gekommen? Haben wir nicht vielleicht dicke Fehler gemacht? Es mag ein gutes Zeichen sein, unentwegt, trotz aller Niederlagen, an der alten Anschauung festzuhalten – aber dies hier ist keine Stärke. Es ist Sturheit, Stumpfsinn, dummtrotzige Eitelkeit. Ich sehe an keiner Stelle irgendwelche Zeichen von innerer Einkehr, und das wird also dazu führen, daß diese Sache – *mit Recht* – untergeht. So geht es eben nicht.

Es finden sich solche Anzeichen in Frankreich bei jungen Franzosen. Natürlich schreiben die blöden Linksblätter sofort von «Faschismus», wenn sich einer erlaubt, nachzudenken und mitzuteilen, daß die alten Formeln ihren Sinn verloren haben. Und die jungen Gruppen sind gewiß nicht das Ideal. Aber sie sind wenigstens nicht verrostet, und wir verkennen immer noch, daß gerade auf unserer Seite der Staub drei Zentimeter hoch liegt.

[...]

Unsere Briefe werden sich kreuzen. Unsere Grüße auch!

Schönstens wie immer
K.

Lieber Kohn,
schönen Dank für Deinen Brief vom 4. Februar. Es tut mir sehr leid, daß ich Dir jetzt gar nicht helfen kann – aber Du weißt ja, was hier los ist. Es will und will nicht. (Na, und wenn es wollte ... die Aussichten sind doch trübe.)

Nein, es ist gar nicht unmenschlich viel verlangt, daß einer in sich gehen soll. Natürlich sollen die Leute nicht ihre ganze Vergangenheit desavouieren, das tue ich ja auch nicht. Aber *lernen* sollte man. Und offen sagen: Das und das ist falsch gewesen. Man kann, man soll auch noch vom Feinde lernen. Man brauchts ihm nicht zu sagen, aber lernen soll man doch. Und nicht nur vom Feinde – auch sonstwo steht das. Aber ich bin immer wieder entsetzt. Schon bei Heine steht, als er von den sagen wir Marxisten spricht, von einem Judenknäblein zu lesen: «Er bildete sich ein, die Onanie erfunden zu haben, und wollte nun nach Warschau fahren, um sich das patentieren zu lassen.» So eng, so ungebildet, so kindisch sind sie immer gewesen. Nicht einer dieser Kerle diskutiert auch nur die Grundlagen der Anschauungen, in deren Namen das doch alles geschieht. Keiner kommt darauf, mal ein bißchen nachzusehn, ob das auch alles richtig bei ihnen im Keller ist. Sie sind so von sich überzeugt. Und die Theorie ist eben falsch – ich bin nie «Marxist» gewesen. Was die andern darunter verstehen, ist ja Blödsinn. Aber ich halte die Anfänge Marxens für genial, seine Lehre für eine notwendige Reaktion auf einen Idealismus, der ebenso blödsinnig gewesen ist wie der reine Materialismus, und wer nur in diesen beiden Kategorien denken kann, der hält eben da, wo die heute halten: im luftleeren Raum ihrer Abstraktionen.

Österreich ist eine Tragödie. Schade um jeden Mann.

Das Blättchen kaum noch lesbar – völlig ins Getto abgesunken. Das geht mich nichts mehr an.

[. . .]

Na, machs gut und schreib auch mal Deinem hochgeehrten

K.

25–5–34

Lieber Kohn,

Dank für Deine beiden Briefe vom 29. 4. und 12. 5. Ich schreibe Dir heute nur ganz kurz als Gruß und als Bestätigung: ich bin nun im Begriff, meine Quellenkur zu machen, ich bin mächtig down, nervös und verdrießlich. Da ich nicht mag, daß sich solche Sachen auf unsere Korrespondenz überträgt, nur ein paar Worte.

[. . .]

Lieber Freund, sehr rosig ist das hier auch nicht. Enfin . . . Ich bin ganz steril, das einzige, was Fortschritte gemacht hat, ist das Französische – aber davon kann [ich] auch nicht leben. Wenns mir besser geht, melde ich mich.

Bis dahin viele Grüße

Deines ergebenen
K.

Lieber Kohn,

Dank für Deinen Brief vom 27. 5. – Übrigens habe ich Dir nicht zu Deinem verwichenen Geburtstag gratuliert, was ich hiermit, nachträglich, aber nicht minder herzlich, nachhole. Na, Mensch: Möge –!

Ich habe so lange nicht geschrieben, ich mache eine Kur, vielleicht hilft sie, während der Kur kann man nichts sagen. Wir werden ja sehn.

[. . .]

Wenn Du über Zürich fährst, dann sage es rechtzeitig – ich weiß nicht, ob ich dann da bin – auf alle Fälle möchte ich es rechtzeitig wissen, damit ich Dir melden kann, wenn ich nicht da bin. Was sein kann.

[. . .]

Hierorts nichts Neues. Die Deutschen sind ziemlich pleite, was also die Kaufleute der ganzen Welt nicht hindern wird, ihnen weiterhin zu borgen. *Das* sollte mal ein sozialistisches Regime machen! Nun, also ich werde mich gewiß um diese Dinge nicht mehr kümmern, das ist vorüber.

Wenn es mir besser geht, schreibe ich Dir dies und jenes Sachliche ausführlich, persönliches gibt es nichts zu melden.

Dies nur als Meldung, daß es mich noch gibt.

Schönstens Dein ergebener
K.

Zürich, 15–4–35

Lieber Kohn,

schönen Dank für Deinen Brief vom 16. 3. Ich gratuliere Dir herzlich zu Deinen Affen-Davids, und hoffentlich glückt es. Es tut mir verdammt leid, daß ich Dir nicht behilflich sein kann – noch vor zwei Jahren wäre es gegangen.

Ich glaube, daß Du es drüben nicht leicht haben wirst, und trotzdem halte ich es für das einzig wahre. Ich sage Dir nur eines: lerne englisch, lerne englisch, wenn irgendmöglich, verschaffe Dir ein deutsch-*amerikanisches* Lexikon – amerikanisch ist eine Sprache, keine Abart des Englischen. Beide Völker machen sich dementsprechend auch herrlich übereinander lustig. Als der Maler Whistler von Wilde gefragt wurde, was es denn neues in Amerika gebe, antwortete er: «Nothing, safe the language.»

Präpariere genau Zeitungen, immer eine nach der andern, bis Du sie wie Wasser lesen kannst. Dann wird es noch ein halbes Jahr dauern, bis Du die Kerle verstehst, die ja alles durch die Kiefer murmeln. Das ist aber die Vorbedingung. Du mußt auch genau sehen, ob New York oder sonst eine ganz große Stadt das Glück ist, ich weiß das nicht und kann das von hier auch nicht übersehen. Es kann auch eine Provinzstadt sein. Vor allem: eine Position, *feste* Positionen gibt es drüben nicht, aber zunächst irgendeine. Du hast hier nichts verloren, und Du wirst nach der unumgänglichen Übergangsperiode der großen Fremdheit und des Gefühls: «Also hier bin ich nun gänzlich verloren», Dich doch noch akklimatisieren. Dann wirst Du vor jedem Europäer ein großes Prae haben. Hier ist nichts mehr.

Wenn Du durch Zürich kommst und das Zusammentreffen, das ich ebenso wünsche wie Du, macht sich nicht, so sei bitte nicht böse. Ich werde Dir das ganz genau nach drüben erklären, Du wirst das auch sofort verstehen, diesem Postweg möchte ich das nicht anvertrauen.

[. . .]

Deine Charakterisierung der «Bonzen ohne Masse» ist prima. Genau das ist es. Schlimmer: sie ahnen alle gar nicht, daß gerade das, worüber «man doch überhaupt nicht mehr zu diskutieren braucht», daß gerade das ganz brüchig geworden ist: nämlich die Doktrin selber. Unnötig zu sagen, daß ich inzwischen weder katholisch noch faschistisch geworden bin – ich habe nur nachgedacht, gelesen, zu verstehen versucht und ich sage Dir: diese Art Marxismus hat seine Rolle ausgespielt. Selbst die ausgezeichneten Versuche de Mans (der von den Bolschewisten natürlich als Faschist verbrüllt wird) sind vergeblich – das ist aus. Die Russen haben es übrigens nötig, jemanden Vorwürfe zu machen: sie pumpen Deutschland an. Lächelnd wird man erwidern, wie es bei Andersen immer heißt: «Das ist ja eben gerade das Feine an ihnen.» Ach nein, das ist eine blanke Schufterei, und wenn sie einen wieder zu einem Kongreß einladen, müßte man erwidern: «Offenbar ein Mißverständnis. Ich bin Antifaschist, und ich muß befürchten, auf dem Kongreß ihre Geschäftsfreunde zu finden.» Aus und vorbei. Die Anleihe ist nicht der Hauptfehler.

Ich bin sehr froh, daß Du nicht nach Südamerika gegangen bist – das ist nichts für Dich. Aber gar nichts. [. . .]

Bulletin: Bis jetzt waren es im Winter 4 Operationen; nun muß ich abwarten. Es gibt noch die Möglichkeit zu einer fünften. Jetzt kann ich es schon sehr schön; wenn es wehtut, räuspere ich mich bloß noch. Ich bin Sie nämlich e großer Held.

Laß von Dir hören!

Schönstens Hochdero
Kurt

Lieber Kohn,

schönen Dank für Deinen Brief vom 26. 4. und für Deine Postkarte –
und auch viele Grüße an Tata!

Antwortlich Deines geehrten:

Die Hauptsache zuerst. Die Zusammenkunft wird sich zerschlagen,
besorge Dir das Visum nicht. Ich brauche Dir wohl nicht zu sagen,
Kohn, daß ich Dich sehr, sehr gern sprechen möchte, mehr als das – denn
wir wissen ja gar nicht, wann wir uns nochmal zu sehen bekommen,
wenn Du, was ich Dir aber sehr wünsche, da rüber machst. Es geht
nicht – und ich schreibe Dir das Nähere nach drüben. Es ist ganz einfach, nichts Geheimnisvolles, aber ich will es nicht nach Prag schreiben.
Du wirst, wenn Du es erfährst, sofort verstehen, so simpel ist es. Ich
bitte Dich kameradschaftlich und herzlich, das nicht schief aufzufassen
– mit uns hat es gar nichts zu tun.

[. . .]

Hippels Adresse habe ich nicht. Bitte gib sie mir.

Es tut mir verdammt leid, daß ich Euch beiden nicht helfen kann.
Es geht mir nicht sehr gut – ich habe in diesem Winter 5 (fünf) Operationen gehabt, im ganzen waren es acht. Eine Besserung ist da – ich
fange an zu riechen, was ich seit vier Jahren nicht gekonnt habe, der
Kopfdruck ist weg. Der Arzt, ein Engel an Geduld, sagt, man müsse
da mit sehr langer Zeit rechnen, bis sich die Nerven wieder erholen. Vorläufig gibt es noch kleine Verwachsungen, die mich unendlich plagen.
Die Operationen selbst machen mir nichts mehr, es ist jetzt so, daß ich
sagen kann: «Ach, warten Sie doch mal eben – ich gehe nur mal rauf,
mir die Nase schneiden zu lassen.» Wie beim Friseur. Nun habe ich
noch einen Darm-Katarrh dazu gelegt, der mich niederdrückt, also Du
kannst Dir denken, wie einem dann ist.

[. . .]

Lerne englisch! Lerne englisch! Laß nicht ab, präpariere immer
wieder Zeitungen, auch mal einen leichten Roman, aber stets so,
daß Du kein Wort, kein einziges Wort ausläßt, ohne es nachgesehen
zu haben. Keine Vokabelbücher anlegen, keine Vokabeln pauken – nur
immer wieder nachsehen, das prägt sich schon ein. Wenig Grammatik
– viel Formenlehre – immer wieder, bis es ganz automatisch abläuft.
Auch dann noch wirst Du sehr große Mühe [haben] zu verstehen, was
sie sagen – sie sprechen entsetzlich. Aber es geht dann viel leichter.
Sprache ist das A und O.

Wenn Du in New York bist, kannst Du George Grosz, den Maler,
aufsuchen und von mir grüßen. Ich habe seine Adresse nicht, aber die
Kunsthändler wissen sie oder der «New Yorker», eine Zeitschrift. Er
ist ein anständiger Kerl.

Grüß Deine Frau besonders herzlich und schreib wieder!
Leicht angeknockt, wie ihr alten Amerikaner sagt,
                    yours truuli ist das eine Sprache!
                    bien à vous das ist eine Sprache!

K.

3–6–35

Lieber Kohn,
vielen Dank für Deinen Schrieb vom 15. 5. Dazu:

Ich rate Dir, so widerwärtig das ist, *zur größten Geduld*. Sei nicht
unterwürfig mit diesem Burschen, das nützt nichts, aber bestimmt, höf-
lich und freundlich. Versuche nie, ihn über das Blödsinnige seines Tuns
aufzuklären, das nehmen diese Menschen krumm, und es hilft Dir gar
nichts. Expertus scio, ich weiß es aus Erfahrung: ich habe zweimal bei
den Franzosen leise darauf hingewiesen, daß ich meinen jetzigen Sta-
tus schließlich auch dadurch erlangt habe, daß ich mich jahrelang für
sie eingesetzt habe. Nichts. Achselzucken. Kalte Höflichkeit. Schwierigkeiten – wenn ich nach Paris wollte, einmal für 24 Stunden, hätte
ich sollen ein Gesuch mit 3 Fotografien . . . worauf ich ihnen etwas geschossen habe. Aber zu machen ist da gar nichts. Das einzige, das allen
diesen Kerlen und Ämtern imponiert, ist Geld. Wenn Du da herein-
willst und sagst: Hier sind 34 Millionen, dann sollst Du mal sehen, wie
das flutscht. So aber ist man machtlos, und ich habe es immer für klug
gehalten, niemals an Käfigstangen zu rütteln, deren Festigkeit man
kennt. Dixi.

Es wird Dir dabei wie mir gehen: es sind nicht bloß die Schwierigkeiten, die einen so ärgern, sondern man fühlt sich so gedemütigt,
machtlos, man spürt die Albernheit, die rein kapitalistische Tücke, die
hinter alledem steckt. Hat man kein Geld und kann man ihnen pu-
blizistisch nicht so schaden, daß sie das unangenehm vermerken, also
Angst haben, dann ist gar nichts zu machen.

Du kommst mit Höflichkeit (nicht Untertanenhaftigkeit), mit Ruhe,
nochmals Ruhe und nochmals Ruhe am weitesten. Sage Dir immer: das
dauert nochmals drei Monate. Und nimm es *niemals* ernst, ich meine
innerlich nicht. Darin sind alle Völker ohne jede Ausnahme gleich; ich
kann hier nicht mal meine Abneigung gegen die Angelsachsen abladen.
Meine einst hochgeliebten Franzosen schlagen auf diesem Gebiet jeden
Rekord an Stumpfsinn, Unhöflichkeit und Bürokratie. (Übrigens sieht
die Entwicklung in diesem Lande sehr mau aus, und ich bin froh, dort
nicht zu leben.)

[. . .]

Mensch, laß den Mut nicht sinken! Argentinien ... ich habe Dir keine Ratschläge zu geben, denn ich kann Dir nicht helfen. Aber tu es nur im äußersten, im alleräußersten Notfall. Es ist ein grausames Land, viel, viel schlimmer noch als die Staaten – grausamer noch als Frankreich. Das Ideal wäre, wenn Du nach England kämst. Aber wie soll man das machen!

Laß von Dir hören – ich möchte wenigstens wissen, wie das läuft.

Hochachtend
K.

16–7–35

Lieber Kohn,

Dank für Deinen Brief vom 18. 6. Na, da kann man nur wünschen, daß Du es doch noch erreichst. Ganz sicher ist es ja nirgends; die Amerikaner arbeiten natürlich heftig gegen alle Eingewanderten, wollen sie heraushaben und so fort – trotzdem rate ich Dir sehr, das mit aller Gewalt zu verfolgen. Von Südamerika rate ich nach wie vor auf das stärkste *ab* – tu das nicht, tu das nicht. Du hast vielleicht gelesen, daß sie diesem lächerlichen MacDonald, dem Flüchtlingskommissar (gutes Geschäft!) dort geraten haben, er solle die deutschen Emigranten nur schicken, wenn sie ein bis auf 10 (zehn) Jahre zurückreichendes polizeiliches Führungszeugnis anbringen. Das ist blanker Hohn, und es zeigt, wie wenig der Mann für seine Aufgabe geeignet ist, daß sie ihm das zu bieten wagen. Was kann an einem schon dran sein, wenn ihn amerikanische Weiber-Organisationen vorschlagen!

An Hippel habe ich geschrieben,

Mir geht es nicht gut. Die Operationen sind vorbei – ich habe noch einen dicken Katarrh und muß abwarten, ob ich es herausbekomme. Ich merke ja nun doch, da[ß] es vier Jahre so gegangen ist – man hat mich bis ganz zuletzt falsch behandelt – Gott segne die Herren Ärzte. Ich bin sehr müde.

[...]

Ich wünsche Dir sehr, daß Du da herauskommst. Es muß nicht sehr erbaulich sein. Das, was ich da zu lesen bekomme, ist kindlich: Rußland – Anbetung der dümmsten, aber auch schon der allerdümmsten Sorte; das Doktrinäre verstaubt wie ein alter Boden, und die allgemeine Haltung bemitleidenswert. Gewiß, die Leute haben es nicht leicht, und die meisten sind in ihrer Art anständig. Aber welcher Mangel an Haltung! Was sie gegen Deutschland schreiben, ist so arm – die Leute in Berlin werden nicht schlecht grinsen. Nun, ich bin damit fertig.

Nochmals: geh nicht nach Südamerika – MacDonald hat gar nichts erreicht als miese allgemein gehaltene Versprechungen, und die lateinischen Südamerikaner sind nicht mal unzuverlässig – da ist einfach ein Loch. Verlaß Dich ja nicht auf dieses Geschwätz. Es sei denn, Du hättest *vorher* eine feste Anstellung, mit von dort beglaubigten Papieren, und das ist ja beinah unmöglich.

Alles Gute – wenn es mir besser geht, melde ich mich.

Schönstens wie stets
K.

19–8–35

Lieber Kohn,
schönen Dank für Deine beiden Briefe – der eine war vom 5. 8. Ich konnte nicht früher antworten. Dank auch für den Anschrieb der Dame, die ich allerherzlichst zu grüßen bitte.

Ja, wann fährst Du –? Das einzige, was mir daran so wenig wie Dir gefällt, ist, daß Du ohne Geld wegfährst. Ich täte das *nicht* – das ist nicht in die Luft geschrieben, ich denke mir etwas dabei. In Prag tun sie Dir immerhin nichts – drüben aber sind sie entsetzlich streng, gerade in solchen Sachen.

Tu das *nicht* – ich halte das für direkt gefährlich. Sie sind imstande und sperren Dich auf Long Island ein, bis Dich einer auslöst. Erbarmungslos.

[. . .]

Wenn Du über Zürich fährst und mich nicht triffst, so ist das *kein* böser Wille. Ich habe auch nicht, wie jener alte Jid in der Posse, «mei Grind»; es ist nur ein einziger Grund, ganz simpel, den schreibe ich Dir, wenn Du drüben bist, weil es mir so sicherer erscheint. Vielleicht kannst Du ihn raten, er ist ganz einfach.

[. . .]

Sonst: die Operationen haben mir den Geruch und Geschmack wiedergegeben, aber dafür habe ich es jetzt mit den Nieren oder mit dem Magen und das sieht böse aus. An Arbeit ist gar nicht zu denken. Ich bin recht müde von alledem.

Gerlach habe ich hier noch einmal gesehen, im vorigen Jahr. Ich habe ihn, solange er sich nicht mit Politik befaßte, recht gern gehabt – das war ein Herr, ein Mann, ein ganzer Kerl. Er hätte verdient, in einem andern Lande geboren zu sein.

So – nun wünsche ich Dir, wenn es soweit ist, gute Überfahrt und alles, alles Gute!

Papa hat sich das wohl mit uns allen dreien anders vorgestellt, aber

wir werden ihm das dann später im Himmel (Abteilung T) erklären.
Machs gut!

Allemal Dein ewiger
K.

Lieber Kohn,
schönen Dank für Deinen Brief vom 17. 8. Inzwischen hast Du sicherlich eine ausführliche Antwort von mir auf Deine vorigen Briefe bekommen – ich bitte Dich, nochmals, zu entschuldigen, wenn ich immer
so spät antworte – es geht mir nicht sehr gut. (Magen. Nase ganz ge-
heilt. Es scheint nicht mehr so recht zu wollen.)

Ja, fährst Du nun? Und so ganz ins Ungewisse und vor allem ohne
Geld! Kohn, bedenke immer, daß sie Dir *da* in Prag wenigstens nichts
direktes tun, so mies es auch ist. Dort aber sind sie *unbarmherzig*; Du
kannst gut und gern, wie eingesperrt, auf Long Island sitzen und warten, bis Dich wer auslöst. Nicht ungefährlich.

Ich kann Dich in Zürich nicht sehen – darüber bekommst Du eine
genaue Auskunft, Rechenschaftsbericht, Antwort und überhaupt, wenn
Du drüben bist. Du wirst dann sofort verstehen und gewiß nicht böse
sein, sondern höchstens grinsen.

[. . .]

Na, dann wollen wir mal weiter warten, was uns der liebe Gott noch
beschert. Bis jetzt ist es etwas dünn – seit vier Jahren keinen guten
Tag . . . Ich tät Dir gern helfen, Kohn – mir fällts verdammt schwer, es
nicht tun zu können.

Eine gute Überfahrt, wenns soweit ist! [. . .]
Machs gut – in alter Gedrücktheit meinerseits

allerschönstens
K.

Lieber Kohn,
Dank für Deine Karte – ich habe Dir vor etwa drei Wochen nach drüben geschrieben; hoffentlich hast du diesen Brief bekommen.

Vor allem einmal meine herzlichsten Glückwünsche – hoffentlich
war die ††† Seekrankheit nicht gar so schlimm, und jedenfalls ist das
ja nun überwunden.

Was Deine Aussichten angeht, so glaube ich auf das bestimmteste, daß es klappen wird. Deine ganze Natur ist – viel besser als etwa Hippels und meine – für drüben geeignet; Du hast inzwischen die Ruhe weg, einen Vogel hast Du auch nicht, also denke ich, daß, wenn Du nicht grade die alten berliner Dummheiten machst, es gehen wird. Ich fand Dich die letzten berliner Jahre viel besser als früher – Du hast inzwischen auch das nötige Selbstvertrauen bekommen, und Du kannst stolz sein, daß Du wenigstens die Überfahrt aus eigener Kraft, wenn auch mit Hilfe, durchgesetzt hast. Das ist sehr viel – Du weißt, wie skeptisch ich in allem bin –, in diesem Falle sehe ich die Zukunft in hellem Licht. Sehr vernünftig und klug ist es gewesen, daß Du nirgends anderswo hingegangen bist – die Staaten sind sicherlich für Dich das beste. Vor allem bin ich froh, daß Du aus diesem prager Getto heraus bist.

Na, und nun hätte ich endlich einen großen Dank und eine Aufklärung zu schicken. Dank dafür, wie nett und anständig und kameradschaftlich Du das aufgenommen hast, daß ich nicht dort am Bahnhof gewesen bin. Du hast keinen Muck geschrieben, Du hast nicht übelgenommen, und nun will ich Dir das erklären. Ich konnte nicht gut kommen, ich war nämlich gar nicht da.

Ich lebe seit Jahren in Schweden. Inzwischen bin ich viel gereist, und als Deine ersten Briefe aus Prag kamen, war ich in der Tat in der Schweiz – dazwischen auch in Frankreich. Dann bin ich wieder nach Schweden zurückgefahren, und *Dir* hätte ich das auch gern mitgeteilt, aber mir schien dieser Postweg und diese brodelnde, üble Umgebung da in Prag nicht sicher, und daher habe ich stets über einen Umweg geschrieben. Nimm mir das nicht übel. Im Gegensatz zu allen meinen Freunden und Dir und Hippel habe ich niemals etwas befürchtet – in der Schweiz, 1933, hat man mir niemals etwas getan (man merkt solche Anzeichen, ich wenigstens merke sie) – da war nie etwas. Und später auch, mit Ausnahme von einigen Briefen Unbekannter, die ich nicht beantwortet habe, auch nichts. Es ist also nicht Furcht, die mich bewogen hat, mich vollkommen auszuschalten – fast niemand weiß meine Adresse. Es ist ganz etwas andres, und ich schreibe Dir das alles ausführlich, weil es auch Dich angeht.

Ich bin mit allen diesen Dingen fertig, ich will mit keinem dieser gefallenen Größen mehr etwas zu tun haben, und ich rate Dir sehr: tu dasselbe. Ich glaube, daß wir beide über diese Sachen gleich denken. Nämlich:

Das Schicksal der deutschen Juden und der deutschen Linken ist keine Tragödie – es ist verschuldet.

Über die Juden kann ich nur im Ton der tiefsten Verachtung sprechen. Ich weiß, daß Dir welche geholfen haben, das ist ja sehr brav. Aber es handelt sich nicht um Almosen. Wie weit sie darin zusammenstehen, ob mehr, ob weniger als andere –: das finde ich nicht so wichtig.

Was ich stets, seit meinem Austritt aus diesem Laden im Jahre 1911, empfunden habe, ist dieses: *es ist ein Sklavenvolk.* Daß sie jahrhundertelang im Getto gelebt haben, ist keine Ursache, keine Erklärung, kein Grund – es ist ein Symptom. Ein Herrenvolk zerbräche bei dieser Behandlung – sie aber tun sich noch etwas zu gute, daß sie durchkommen. «Er ist arriviert», sagt einer in einem französischen Stück. «Ja, aber in welchem Zustand!» antwortet ein andrer. Was sie mich anpissen läßt, das ist ihre geistige Haltung. Sicherlich waren die deutschen Juden die übelsten – denn sie haben alle schlechten Eigenschaften der boches übernommen. Nicht die Deutschen sind verjudet – aber die Juden sind verbocht. Und wie angemessen ihnen das Getto ist, kann man daraus ersehen, daß dieselben Männer, denen es 1870–1918 nicht sehr schlecht, und denen es dann 15 Jahre ganz erträglich gegangen ist; daß dieselben Menschen, die in der Presse, im Theater und im Anwalts- und Ärztestand die erste Geige gespielt haben, daß die das Getto akzeptiert haben. Dieselben. Sie machen mit. Sie spielen in streng geschlossenen jüdischen Theatern, isoliert wie Leprakranke, und ich höre bis hierher: «Jetzt werden wir ihnen mal zeigen, daß [wir] das bessere Theater haben!» Sie hören nichts. Sie sehen nichts. Sie merken nichts. Andere Juden in Frankreich meinen, man müsse vor denen, die da in Deutschland geblieben sind, noch den Hut ziehen – man muß sie mit Füßen treten, und alles, was ihnen geschieht, geschieht ihnen recht. Sie haben sich ihre Freiheit nicht erkämpft – die Französische Revolution hat sie ihnen geschenkt. Sie sind nicht frei.

Ich verstehe sie nicht, und ich wünsche sie auch nicht mehr zu verstehen. Ich verstehe sie deshalb nicht, weil ich mir zwar vorstellen kann, daß einer auf das, was ich Würde nenne, bläst, und dann sagt: «Ach, Zimt. Hier, ich habe mein Vermögen gerettet, es geht mir gut – und aus den Fußtritten mache ich mir nichts.» Also bon. Aber stelle Dir einen dieser Kerle vor, denen man im Jahre 1932 für sein Unternehmen das geboten hätte, was sie heute – 1935 – tatsächlich bekommen, also einen Bruchteil des tatsächlichen Wertes. Und den in Sperrmark, und die stehen $^1/_3$ der gewöhnlichen Mark. Und dann eine Abgabe von 25% Kapitalfluchtsteuer. Und so geschunden, tritt Herr Silberstein ins Ausland.

Dafür kann man auch ein Held sein.

Diese gespreizten Handflächen; diese Ausrufe: «Was soll man tun?»; diese trostlosen Rabbiner, von denen nicht einer begriffen hat, daß hier eine große Stunde geschlagen hatte («Aber der große Moment fand ein kleines Geschlecht»); diese Armseligkeit, die für den einzelnen irgendeine kleine Sonderstellung herausholt, selig über jeden Fußtritt, der nicht kommt, und damit diesen Fußtritt eben als das Primäre, als das ihnen angemessene annehmend –: alles das veranlaßt mich, zu sagen: Nie wieder.

Was die beklagte Republik angeht, so meine ich: es ist dasselbe. Man muß nicht nur auf die einzelnen Sozialdemokraten schimpfen, nicht Herrn Bums und Herrn Bams anklagen. Ich habe mir für meine Prophezeiungen 15 Jahre lang auf die Schulter klopfen lassen «Lieber Freund...» – und ich weiß: das ist nichts als der schwächere Teil Deutschlands, nämlich jener, der nicht herrschen kann. 1848 waren sie genau so. Das, was da jetzt ist, das ist Deutschland. Die Uniform paßt ihnen – nur der Kragen ist ihnen zu hoch. Ich hasse sie nicht mehr, ich wünsche ihnen nichts Gutes und nichts Böses – sie sind nicht mehr in meinem Leben.

Das wünsche ich Dir. Wenn ich Dir einen Rat geben kann, nicht als ehemaliger großer Bruder, sondern als ein politisch denkender Mensch, so ist es der: Kümmere Dich dort auf keinen Fall um irgendwelche politischen Dinge –!

Für Deutschland kämpfen, das ist nicht Deine Aufgabe. Du würdest Dein Leben vertun, wie ich es getan habe. (Wofür war das alles?) Amerikanische Politik kannst Du erst begreifen, wenn Du jahrelang dort gelebt hast – dann hast Du inzwischen hoffentlich das Bürgerrecht bekommen, und dann sieht das schon anders aus.

Ich brauche Dir wohl nicht zu sagen, daß Du den Kommunisten aus dem Wege gehen sollst. Ich habe dieser Partei nie angehört, stets hat mich ein Mißtrauen abgehalten, mitzumachen, und mein Instinkt hat recht behalten. Es gibt nur noch einen Burschen, der seine Anhänger so schamlos verrät wie Stalin – und das ist der Papst. Die Ähnlichkeit ist erstaunlich: in beiden Fällen die Forderung auf absoluten Gehorsam, in beiden Fällen, wenns zum Klappen kommt, in der Zentrale dieselbe Geste: «Leider ... wir können nicht ... Grade der Kompromiß ist das feine an uns ...» Also nicht mit mir. Die armen Hunde, die an diese Kerle geglaubt haben.

Das alles soll Dir hoffentlich bald wie eine verklingende Stimme aus einer andern Welt vorkommen – laß das liegen, und sorge für Dich und benimm Dich anständig, tu keinem Menschen, wenns nicht grade sein muß, Böses, aber sorge für Dich. Und laß die Affen hier kokeln. Es soll Dich nichts mehr angehen. Machs wie ich: lies nie eine deutsche Zeitung; lies von deutschen Büchern nur noch große Männer, wenn Dich das reizt, und im übrigen laß Dein ganzes Verstandes- und vor allem Dein ganzes Gefühlsleben in Amerika aufgehen.

Die Wandlungen, die Du dabei durchmachen wirst, müssen Dich nicht erschrecken – sie sind normal. Die Krisis, sagen wir, im zweiten Jahr, mit diesem «Hier werde ich mich nie einleben!» – die Fehler, die man begeht, irgendeine Dammligkeit auf das ganze Land zu schieben (die Nettigkeiten auch), alles das wirst Du auch exerzieren. Das geht vorbei. Nach vier, fünf Jahren wirst Du das Land drüben besser verstehen, es wird sein wie alle andern auch, schwarz und weiß, und da Du kein Philosoph bist, sondern Geld verdienen sollst, so zerbrich Dir den Kopf darüber, ob das besser oder schlechter als Europa ist, erst, wenn Du Geld hast. Ich bin nie drüben gewesen, ich habe in der Theorie sehr viele Einwände, die sich auf Reflexionen gründen, und nicht auf diesen Reiseabhub, den wir hier drüben kennengelernt haben, der beweist nichts.

Kurz: ich wünsche Dir alles Gute.

Vom Krankenschauplatz nichts Neues. Es geht mir egal dreckig, es ist nicht herauszubekommen, was es ist. Ich mag Dich damit nicht langweilen.

[. . .]

Ich lese viel, bin bei einer neuen Sprache, die ich fließend lesen, vaguement verstehen und notdürftig sprechen kann. Ich bin aber in der Grammatik ganz firm, und wäre meine Gelangweiltheit nicht, neue Menschen kennenzulernen, wäre ich viel weiter. Das Volk ist nicht grade interessant.

Na, nu schreib mal ganz ausführlich, wenn Du Zeit hast [. . .]

Mach gut, Kohn. Lustig ist das alles nicht – ich glaube: Du hast den bessern Teil erwählt.

Herzlichst
K.

8–12–35

Lieber Kohn,
ich schreibe Dir gleich noch einen hinterher [. . .]

Uneilig, aber gelegentlich zu läsen:

Erfahrungen soll man weitergeben. Gewöhnlich will ja jeder die seinen selber machen, das sehen alle Eltern bei ihren Kindern. Ich habe mir aber mal ein paar Artikel eines im übrigen mäßigen Schriftstellers aus der Zeitung herausgeschnitten, er schrieb: «Jede dieser Erfahrungen hat Lehrgeld gekostet» und begann ganz schlicht: «Man lasse sich vor jeder großen Reise die Zähne reparieren.» Das will ich Dir grade nicht schreiben, aber was andres.

I

Niemals – weder im Betrieb noch sonst – über jemanden etwas Böses sprechen, wenn man nicht die Macht hat, das Böse zu verwirklichen, oder wenn die Bosheit nichts bewirkt. Es fällt immer – immer – auf Dich zurück. Es wird immer hinterbracht, Du machst Dir einen Feind, und

Du bist immer der Dumme. Damit empfehle ich keine Duckmäuserei, sondern ganz etwas andres. Ich habe nicht bei den schrecklichen berliner Juden, sondern zum erstenmal im Krieg unter ganz andern Menschen gelernt, was für eine ungeheure Macht *Schweigen* ist.

Der alte Fontane klagte einst einem noch älteren Freunde: «Ich komme fast aus jeder Gesellschaft nach Hause und sage mir abends beim Schlafengehen: Nun habe ich wieder dies und jenes herausgeschwabbelt, was besser ungesagt geblieben wäre.» Und der andere erwiderte: «Ich bin 65 Jahre – und das passiert mir noch heute.» Man soll sich kontrollieren und es besser zu machen versuchen.

Stumpfsinnig überhaupt nie etwas sagen ist natürlich dörflich oder idiotisch. Aber der Schweiger genießt großes Ansehen – man weiß nämlich nie, was sich dahinter verbirgt. Der Mensch, schrieb einst ein großer Italiener, hat 2 Ohren, aber nur 1 Mund – er richte sich danach. Und das ist wahr. Und bei einem Schweden steht, daß ein alter Oberst, der sich außerhalb des Militärischen als blöd empfand, einen Freund um Rat fragte. Der sagte: «Laß sie sich alle ausquatschen. Dann kommt ein Moment, wo die Gesellschaft des Stoffes müde wird. Wenn man dich dann fragt: ‹Na, und was meinen *Sie* dazu?› so fürchten alle: Mein Gott, jetzt fängt der auch nochmal an! – Dann sagst du: ‹Ja, meine Herren, dazu ließe sich in mancher Beziehung viel sagen.› Und dann sagst du es nicht. Dann werden dir alle sehr dankbar sein.»

Schweigen, Schweigen, Schweigen.

II

Sprachen lernen. Nimm Dir jeden Abend, auch wenn Du noch so zerstreut bist, eine Zeitung und lies sie mit dem Lexikon. *Jedes* Wort nachsehn. Die deutschen Bezeichnungen herüberschreiben. Was Du nicht verstehst, rot unterstreichen und jemanden fragen. Intelligent fragen: «*Warum* heißt das so? Heißt das nur hier so oder immer? Darf ich das im Gespräch sagen? Ist das gutes Amerikanisch?»

Der Anfangserfolg dieser Methode ist null. Man merkt erst gar nichts. Nach etwa drei Monaten geht alles viel leichter, man liest über vieles als selbstverständlich hinweg, und selbst, wenn Du keine Grammatik lernst, wird das langsam. Dann nimm *gute* klassische Bücher und mach dasselbe. Es lohnt sich. Bei tausend Gelegenheiten ist der, der die Sprache fließend und mühelos spricht, im Vorteil, dem Stammler gegenüber.

Lern ein etwas zu gutes Amerikanisch und nicht nur Slang. Auch, wenn alle Slang sprechen. Ich kann nur sagen, und zwar in Berlin: «Kack ma jahnich denken!» Das kann unter Umständen und zu einer gewissen Stunde komisch sein. Sagt es aber ein Fremder, der nicht geradezu herrlich deutsch spricht, dann ist das dumm und peinlich. Spricht

der Fremde sehr korrekt deutsch, ohne geziert zu sein, so fühlt man sich
– warum? – geschmeichelt. Das ist so. Man achtet den Fremden deshalb
höher. Lerne also wie ein Gebildeter sprechen, das lohnt.

Und machs gut

Hochachtend
K.

Meine Adresse ist für jeden andern – hörst Du: für *jeden*! – die alte.
[. . .]

AN ARNOLD ZWEIG

Lieber Herr Zweig,
verzeihen Sie, wenn ich gleich mit einem Bukett in die Tür stolpere.

Ich bin nun fünfzehn Jahre bei diesem charmanten Beruf – aber noch niemals habe ich einen solchen Brief bekommen, und auch noch nie einen solchen Brief eines Kritisierten an den Kritiker gesehen (der sich ja häufig einbildet, er sei dem andern überlegen, nur deshalb weil er ihn kritisiert hat). Händedruck.

Zur Sache:

Ich fürchte, daß ich nicht wiederschießen kann. Hier scheint nämlich die Grenze meines Wesens zu liegen, oberhalb die ich nicht gucken kann – da hörts auf, es beginnt ein Bezirk der Kunst, der mir fremd ist, und weil ich vom kleinen Mann gelernt habe, ehrlich zu sein, so fehlts da einfach. Es ist wahrscheinlich das, was bei den großen deutschen Musikern echtes Pathos ist – für das ich gewiß nicht, wie Sie wissen, unzugänglich bin, aber mir wird da leicht schwindlig, ich sehe nicht recht und klettere dann schnell wieder auf die Erde herunter. (Daher glatt Fehlanzeige bei Dostojewski.) Das für den Kern Ihrer Ausführungen, in dem ich Ihnen nicht widersprechen kann; es ist einfach eine Geige und eine elektrische Lampe zusammengeloffen, und wenn das keinen Ton gibt – dafür kann keines von beiden.

Wir sind uns ganz und gar einig, daß die propagandistische Wirkung im tiefern Sinne bei Ihnen natürlich stärker ist als je anderswo: natürlich um so stärker, als wirklich die Hauptkerle anständige Leute sind. Daß ich sie anders sehe, steht auf einem andern Blatt. Zunächst einmal ist nicht gesagt, daß ich recht habe: ich kenne die Brüder allerdings sehr, sehr genau, ich habe mit ihnen zusammen gesoffen, auch mit höhern Chargen, etwa bis zum Generalmajor – (das war in Rumänien bei der Verwaltung) –, aber gegen meine Auffassung und für die Ihre spricht zum Beispiel, daß mir vorgestern hier die Frau eines solchen deutschen Generalmajors, adlig, sagte, *wie gut* die Typen in Ihrem Roman getroffen seien. Sie sehen . . .

Über Naturalismus ist zu diskutieren. Ich bade so gern in der dicken Suppe des feuchten Humors, da, wo es Blasen gurgelt und gluckert – das ist freilich sehr subjektiv.

Eine Sache allerdings ist mir völlig, aber auch völlig unverständlich, und da stehe ich nun allerdings mit offenem Maul davor.

Das ist die Technik Ihrer Arbeit.

Wie man so etwas *diktieren* kann; wie man das in noch nicht zwei Monaten rein äußerlich bewältigt, das ist mir auch dann ein Rätsel, wenn ich nicht wüßte, wie sorgfältig Sie wahrscheinlich die Fahnen beackert haben. Davor stehe ich wie vor einem Mirakel. Es kommt also nun heraus, daß *ich* der Bößler bin; den Grischa-Artikel habe ich mit Gott dreimal umgeschrieben, und was ich mit meinen kleinen Spaßgedichten mache, das schäme ich mich, Ihnen zu schreiben. Die sauberste Lückenlosigkeit, die Akkuratesse des Handwerks, die nietenlosen Stahlfugen – wie ich das gelesen habe, daß so ein Werk in 63 Vormittagen diktiert ist, da habe ich einen mächtigen Schock bekommen. Dann steht also bei unsereinem Bemühung und Resultat in keinem richtigen Verhältnis (na, ohne Kompliment, ich weiß schon, was los ist) – es ist eine gradezu bewundernswerte Leistung.

Bitte lassen Sie mich nochmals sagen, daß ich mich wie ein kleiner Junge gefreut habe, als ich gelesen habe, wie richtig Sie meine Ausstellungen in der Melodie verstanden haben und daß es also geht: zu jemand Ja und Nein [zu] sagen und nicht gleich zu hören: «Du bist ein reaktionärer Kunstlump!» oder was man dann so sagt.

Ich wünsche Ihnen alles, alles Gute für die nächsten Arbeiten, die unter vielen andern einen sehr aufmerksamen Leser haben werden – und wenn ich Ihnen in Frankreich hier irgend etwas glätten kann, dann verfügen Sie bitte immer über mich!

Alles Gute für die Festtage.

> Immer
> Ihr nahentfernter

Lieber Arnold Zweig,
ich danke Ihnen herzlichst für Ihren Brief vom 13. 11. Dank für alle freundlichen Worte – und wenn Sie mir neben «*Verdun*» auch die «*Bilanz der Judenheit*» schicken lassen wollten, so wäre ich Ihnen sehr dankbar. Daß ich erst heute antworte, liegt an meinem Gesundheitszustand: es geht mir nicht gut.

Ja, da wäre also einiges zu sagen.

Sie sind, lieber Zweig, einer der so seltenen Schriftsteller, die eine Kritik (damals über Grischan) so aufgenommen haben, wie sie gemeint gewesen ist: nämlich freundschaftlich. Das habe ich Ihnen nicht vergessen. Deshalb möchte ich Ihnen etwas schreiben, das wenig mit Ihrem Werk, viel mit Ihrer Anschauung zu tun hat – es richtet sich gar nicht an Sie, aber ich spreche zu Ihnen.

Ich bin im Jahre 1911 «aus dem Judentum ausgetreten», und ich weiß, daß man das gar nicht kann. Die Formel vor dem Amtsgericht lautete so. Sie wissen, daß damit keine Konjunkturriecherei verbunden gewesen ist – ein Jude hatte es im Kaiserreich erträglich, ein Konfessionsloser nicht. (Militär, vadächtiger Hund, vadächtiga.) Warum also tat ich das –? Ich habe es getan, weil ich noch aus der frühsten Jugendzeit her einen unauslöschlichen Abscheu vor dem gesalbten Rabbiner hatte – weil ich die Feigheit dieser Gesellschaft mehr fühlte als begriff . . . Wendriner war damals noch nicht geboren. Doch – aber er hatte noch keinen Namen. Also heraus.

Antisemitismus habe ich nur in den Zeitungen zu spüren bekommen, im Leben nie. Mit dem feinen Instinkt, der die boches auszeichnet, haben mich viele Leute nicht für einen Juden gehalten, was ich nicht gemeichelt anmerke, sondern belustigt. In dreieinhalb Jahren Militär: nichts. Zuletzt war ich Polizeikommissar – auch nicht die Spur eines Hauches einer Idee. Ich habe mit den Kerlen im Kasino gesoffen, was mir eine gute Kenntnis des Milieus für später ermöglicht hat – nichts war zu spüren. Ich spreche also nicht aus Ressentiment.

Auch gehöre ich nicht zu den bekannten jüdischen Antisemiten.

Über Palästina erlaube ich mir keinerlei Bemerkung –: ich kenne die Verhältnisse nicht. Zweierlei fällt mir auf:

Das ist kein jüdischer Staat, sondern eine englische Kolonie, in der die Juden – wie unter Pontius Pilatus – eine Rolle spielen, die mir nicht schmeckt und wohl manchen Juden dort unten auch nicht. Zweitens: die deutschen Juden, die Geld hatten, durften nur heraus, wenn sie statt ihres Geldes eine Abmachung mit herausnahmen, bei der Palästina mit deutschen Waren überschwemmt wird.

Doch ist das Sache der Zionisten, und da ich nicht mittue, nehme ich mir wenig Recht, zu kritisieren. Wohl aber darf ich Ihnen sagen:

Was sind Sie –? Angehöriger eines geschlagenen, aber nicht besiegten Heeres? Nein, Arnold Zweig, das ist nicht wahr. Das Judentum ist besiegt, so besiegt, wie es das verdient – und es ist auch nicht wahr, daß es seit Jahrtausenden kämpft. Es kämpft eben nicht.

Die Emanzipation der Juden ist nicht das Werk von Juden. Diese Befreiung ist den Juden durch die Französische Revolution, also von Nicht-Juden, geschenkt worden – sie haben nicht dafür gekämpft. Das hat sich gerächt.

Sie sagen: Ja, es gibt Wendriners, ich nehme sie aus, sie sind mir fatal – aber ... *Ich* sage: Es gibt auch anständige Juden, ein paar, wie die Emigrationsziffer zeigt, noch nicht 10% – ich nehme sie aus – ich habe die größte Achtung vor ihnen, vor ihrem stillen Leiden – aber ... Aber –? Der Rest taugt nichts.

Es ist nicht wahr, daß die Deutschen verjudet sind. Die deutschen Juden sind verbocht.

Mir hat schon diese faule und flaue Erklärung nie gefallen, mit der man mir erzählt hat: Die Gettojuden im 16. Jahrhundert *konnten* nicht anders, sie waren bedrückt, man ließ sie ja nichts andres tun als schachern. Nein, lieben Freunde. Getto ist keine Folge – Getto ist Schicksal. Eine Herrenrasse wäre zerbrochen – diese da «müssen doch leben». Nein, so muß man nicht leben, so nicht.

Aber lassen wir die mittelalterlichen Juden – nehmen wir die von heute, die von Deutschland. Da sehen Sie, daß dieselben Leute, die auf vielen Gebieten die erste Geige gespielt haben, das Getto *akzeptieren* – die Idee des Gettos und ihre Ausführung. Ich sehe diese Schweinekerle bis hierher – ohne mich um sie zu kümmern, ich lese keine deutschen Zeitungen und so gut wie gar keine Emigrationsliteratur – ich sehe sie. Man sperrt sie ein; man pfercht sie in Judentheater mit vier gelben Flecken vorn und hinten, und sie haben (wie ich das höre!) nur einen Ehrgeiz: «Nun werden wir ihnen mal zeigen, daß wir das bessere Theater haben!» – Pfui Deibel. Und sie spüren es nicht. Sie sehen es nicht. Sie merken es nicht.

Ich füge Ihnen einen Ausschnitt aus einem londoner Brief bei, der nur in halb spaßiger Form das äußerliche und doch auch das innerliche gibt. Es ist noch viel schlimmer – das ist nur eine Illustration. Es ist so:

Der Jude ist feige. Er ist selig, wenn ein Fußtritt nicht kommt – ihn so als primär annehmend, als das, was ihm zukommt. Er duckt sich. «Nur Geschäfte!» – aber das ist es nicht allein. Es ist noch ganz etwas andres – es ist das absolute Unvermögen, zu begreifen, was Heroismus überhaupt ist. Ich kenne die Einwände alle, ich kann sie im Schlaf – nur im Schlaf – aufzählen: «Was haben Sie denn für heroische Taten vollbracht – haben Sie vielleicht . . .» Das ist der Refrain, den ich heute zu hören bekäme, wäre ich schamlos genug, vor einem Parterre voll Dreck aufzutreten – so wie ich früher zu hören bekommen habe: «Was haben Sie davon? Haben Sie das nötig?»

Aber der große Moment fand ein kleines Geschlecht.

Wie! Nicht zu begreifen, daß im März 33 der Augenblick gekommen war, in umgekehrter Proportion auszuziehen – also nicht wie heute einer auf zehn, sondern einer hätte da bleiben müssen, und neun hätten gehen müssen, sollen, müssen. Hat sich auch nur *ein* Rabbiner gefunden, der der Führer seines Volkes gewesen ist? Auch nur ein Mann? Keiner. In Nürnberg wohnte eine so reiche und einflußreiche Judengemeinde – dort ist der Herr Streicher groß geworden. «Lassen Sie doch den Mann! Nur ka Risches!» Und habe ich nicht mit eigenen Augen gelesen, daß die Gemeinde in Frankfurt, als die ersten Pogrome, ich glaube 1931, einsetzten, den Gläubigen empfahl, nach dem Gottesdienst gleich nach Hause zu gehn und Ansammlungen auf der Straße – auf *ihrer* Straße – lieber Zweig – zu vermeiden? So war es.

Wohin unsere Warnungen gefallen sind, wissen Sie. Und dann war es zu spät – es war vielleicht noch eine Sekunde Zeit – und was war dann?

Dann taten die Leute etwas, das mir immer das Wort Beer-Hofmanns, das er einmal zu mir gesagt hat, ins Gedächtnis zurückruft: «Der Jude ist gar nicht klug. Die andern sind, in manchen Gegenden, nur dümmer.» So ist es.

Hätten Sie dem Durchschnitts-Juden im Jahre 1933 gesagt, er würde Deutschland unter Bedingungen verlassen, wie sie ihm das Jahr 1935 ff. bieten, er hätte Sie ausgelacht. «Ich kann doch nicht weggehn! (und nun, wie ein Spieler) Ich bin doch im Verlust! Was meinen Sie – mein Geschäft . . .» Und jetzt schleichen sie heraus, trübe, verprügelt, beschissen bis über die Ohren, pleite, des Geldes beraubt – *und ohne Würde*. (Sich aber besser dünkend.)

Heroismus war hier nun auch noch das bessere Geschäft. Also warum haben sie diesen Weg nicht gewählt? Weil sie nicht heroisch sein können; weil sie gar nicht wissen, was das ist.

Es steht bei dem großen Péguy, den ich Ihnen gar nicht genug empfehlen kann, eine Stelle, in der es ungefähr heißt: Die Juden hören nicht gern auf ihre Propheten, denn sie wissen, was das kostet. Ihre jahrhundertelange Erfahrung . . . und so fort, recht philosemitisch. Das ist wacker und brav – aber es ist nicht wahr.

Wer die Freiheit nicht im Blut hat, wer nicht fühlt, was das ist: Freiheit – der wird sie nie erringen. Wer das Getto als etwas von vornherein gegebenes akzeptiert, der wird ewig darin verbleiben. Und hier und nur hier steckt das Versagen der gesamten deutschen Emigration, aus der ich keine Judenfrage machen möchte – hier ist ihre Schuld, ihre Erbärmlichkeit, ihre Jämmerlichkeit. Das ist nichts.

Das klingt nun so, wie wenn das gegen den gerichtet wäre, an den ich diesen Brief richte – aber mit Ihnen hat das nur sehr mittelbar zu tun. Ich kann Ihnen zwar nicht folgen, wenn Sie die Jüdin loben, weil sie Eigenschaften hat, die ich bei andern genauso sehe («Sie weiß auf Gartenfesten schön zu sein» – aber das kann Minchen Müller auch) – aber ich weiß, daß *Sie* nie einen Daumenbreit nachgäben. Ich klage vor Ihnen – ich belle Sie nicht an. Ich klage die Gesinnung der Juden an, und viel weiter gehend, die Gesinnung der sog. «deutschen Linken» und hier darf das Wort nebbich angewandt werden.

Man hat eine Niederlage erlitten. Man ist so verprügelt worden, wie seit langer Zeit keine Partei, die alle Trümpfe in der Hand hatte. Was ist nun zu tun –?

Nun ist mit eiserner Energie *Selbsteinkehr* am Platze. Nun muß, auf die lächerliche Gefahr hin, daß das ausgebeutet wird, eine Selbstkritik vorgenommen werden, gegen die Schwefellauge Seifenwasser ist. Nun muß – ich auch! ich auch! – gesagt werden: Das haben wir falsch gemacht, und das und das – und hier haben wir versagt. Und nicht nur: die andern haben . . . sondern: wir alle haben.

Was geschieht statt dessen? Statt dessen bekommen wir Lobhudeleien zu lesen, die ich nicht mag – Lob der Juden und Lob der Sozis und der Kommunisten – «sie sitzen da und hochachten einander» heißt es einmal im schwedischen. Und das ist keine Sache der Partei. Eine Geißlung so einer Schießbudenfigur wie Breitscheids vorzunehmen oder Hilferdings oder sonst eines – das ist ja Leichenschändung. Doch haben weder die noch irgendein andrer, wenigstens ist mir kein Beispiel bekannt, überhaupt begriffen, was ihnen geschehen ist. «Ohne Hören, ohne Sehen, stand der Gute sinnend da, und er fragt, wie das geschehen und warum ihm das geschah.»

Statt einer Selbstkritik und einer Selbsteinkehr sehe ich da etwas von «Wir sind das bessere Deutschland» und «Das da ist gar nicht Deutschland» und solchen Unsinn. Aber ein Land ist nicht nur das, was es *tut* – es ist auch das, was es verträgt, was es duldet. Es ist gespenstisch, zu sehen, was die pariser Leute treiben – wie sie mit etwas spielen, was es gar nicht mehr gibt. Wie sie noch schielen – wie sie sich als Deutsche fühlen – aber zum Donner, die Deutschen wollen euch nicht! Sie merken es nicht.

Das ist Deutschland. Die Uniform paßt ihnen – nur der Kragen ist ihnen zu hoch. Etwas unbequem – etwas störend – so viel Pathos und so wenig Butter – aber im übrigen? Wie sagt Alfred Polgar: «Der Umfall beginnt damit, daß man hört: Eines muß man den Leuten lassen . . .» Und sie lassen ihnen das eine und das andere und dann alles.

Das ist bitter, zu erkennen. Ich weiß es seit 1929 – da habe ich eine Vortragsreise gemacht und «unsere Leute» von Angesicht zu Angesicht gesehen, vor dem Podium, Gegner und Anhänger, und da habe ich es begriffen, und von da ab bin ich immer stiller geworden. Mein Leben ist mir zu kostbar, mich unter einen Apfelbaum zu stellen und ihn zu bitten, Birnen zu produzieren. Ich nicht mehr. Ich habe mit diesem Land, dessen Sprache ich so wenig wie möglich spreche, nichts mehr zu schaffen. Möge es verrecken – möge es Rußland erobern – ich bin damit fertig.

Ich glaube Sie als Schriftsteller zu kennen – es ist möglich, daß Sie sich hiermit auseinandersetzen. (Es wäre mir in einem solchen Falle lieb, *sehr lieb*, wenn Sie meinen Namen fortließen; ich will nicht einmal als Diskussionsbasis über deutsche Dinge dastehn – vorbei, vorbei.) Aber ich kann nicht unrecht haben –: die Tatsachen sprechen für mich. Die Tatsache, daß es ein Volk gibt (Juden und die schwächliche deutsche Bourgeoisie, die sich als links ausgab oder es zum kleineren Teil auch gewesen ist), ein Volk, das Demütigungen einsteckt, ohne sie zu fühlen. Sie haben eine Frau – Sie haben Kinder, glaube ich. Nun . . .

– – «Dabei sensible Naturen, die es vielleicht nicht so schroff empfanden, wenn ein Knote ganz bieder am Versöhnungstage einem Herrn mit Gebetbuch ‹Verfluchtes Judenaas!› nachrief; oder wenn ein Major von den ‹Elfern› vorn auf der Straßenbahn offen erklärte: ‹Wieviel schwangere Judenweiber man sieht – 's ist zum Kotzen!› Nicht das war verletzend. Sondern wenn aufgeklärte Freunde, Wohlwollende, schonend sagten ‹Die jüdischen Herrschaften› – das traf.»

Das ist von Kerr. Wie soll das also erst bei einem mindern Menschen aussehen.

Nein, mein Lieber – das ist nichts und das wird nichts. Diese Frage sehe ich weit über das Jüdische hinaus – ich sehe eine Sozialdemokratie, die erst siegen wird, wenn es sie nicht mehr gibt – und zwar nicht nur, weil sie charakterlos und feil und feige gewesen ist (und wer war denn das anders als eben wieder Deutsche) – sondern die die Schlacht verloren hat, weil die Doktrin nichts taugt – sie ist falsch. Glauben Sie bitte nicht, ich sei inzwischen zu Blut und Boden oder sonst etwas übergelaufen – ich empfehle Ihnen von Dandieu et Aron *«La révolution nécessaire»*, ich empfehle Ihnen die Hefte des *«Ordre Nouveau»*, eine der belangreichsten Sachen, die mir je untergekommen ist, ich empfehle Ihnen à la rigueur auch den *«Esprit»* (Paris) – und Sie werden sofort begreifen, was ich meine.

Man muß von vorn anfangen.

Man muß ganz von vorn anfangen – «Ford, c'est Descartes descendu dans la rue» heißt eine der Formeln Dandieus – (Er ist leider,

viel zu jung, mit 36 Jahren gestorben.) Man muß von vorn anfangen
– nicht auf diesen lächerlichen Stalin hören, der seine Leute verrät, so
schön, wie es sonst nur der Papst vermag – nichts davon wird die Freiheit bringen. Von vorn, ganz von vorn.

Wir werden das nicht erleben. Es gehört dazu, was die meisten Emigranten übersehen, eine Jugendkraft, die wir nicht mehr haben. Es
werden neue, nach uns, kommen. – So aber gehts nicht. Das Spiel ist
aus.

Nihilismus –? Lieber Zweig, ich habe in den letzten fünf Jahren viel
gelernt – und wäre mein schlechter Gesundheitszustand nicht, so hätte
ich dem öffentlich Ausdruck gegeben. Ich habe gelernt, daß es besser ist,
zu *sagen*, hier sei nichts – als sich und andern etwas vorzuspielen. (Was
Sie nie getan haben.) Aber das Theater der Verzweiflung, die noch in
so einem Burschen wie Thomas Mann einen Mann sieht, der, Nobelpreisträger, sich nicht heraustraut und seine «harmlosen» Bücher in
Deutschland weiter verkaufen läßt – die Verzweiflung, die dieselben Fehler weiter begeht, an denen wir zugrunde gegangen sind –: es nämlich
nicht so genau mit den Bundesgenossen zu nehmen – dieses Theater kann
ich nicht mitmachen. Und hier ist das, was mich an der deutschen Emigration so abstößt –: es geht alles weiter, wie wenn gar nichts geschehen
wäre. Immer weiter, immer weiter – sie schreiben dieselben Bücher, sie
halten dieselben Reden, sie machen dieselben Gesten. Aber das ist ja
ja schon nicht gegangen, als wir noch drin die Möglichkeit und ein
bißchen Macht hatten – wie soll das von draußen gehn! Sehn Sie
sich Lenin in der Emigration an: Stahl und die äußerste Gedankenreinheit. Und die da –? Schmuddelei. Doitsche Kultur. Das Weltgewissen . . . Gute Nacht.

Ich enthalte mich jedes öffentlichen Schrittes, weil ich nicht der Mann
bin, der eine neue Doktrin bauen kann – ich bin kein großer Führer,
ich weiß das. Ich bin ausgezeichnet, wenn ich einer noch dumpfen
Masseneinsicht Ausdruck geben kann – aber hier ist keine. Entmutige
ich –? Das ist schon viel, wenn man falsche und trügerische Hoffnungen
abbaut. Ich glaube übrigens an die Stabilität des deutschen Regimes –
es wird von der ganzen Welt unterstützt, denn es geht gegen die Arbeiter. Aber stürzte das selbst zusammen –: die deutsche Emigration ist
daran unschuldig. Ich sehe den Referenten im Propagandaministerium:
er muß sich grinsend langweilen, wenn er das Zeug liest. Es ist ungefährlich.

Das ist ein langer Brief geworden – halten zu Gnaden.

Ja, wenn Sie herkommen und ich bin grade in der Schweiz, wirds

mich freuen, mit Ihnen zu plaudern. Ich bin ein aufgehörter Schriftsteller – aber mit Ihnen sprechen, das wird immer ein kleines Fest sein.
   Alles Gute für Sie. Und vor allem für Ihre Augen!

Herzlichst Ihr getreuer
Tucholsky

ANMERKUNGEN

Zu den Anmerkungen
Briefe enthalten mehr Anspielungen auf Namen und Zusammenhänge als zur Veröffentlichung bestimmte Arbeiten.

Einige Namen von Zeitgenossen Tucholskys bedurften einer Erläuterung.

Bei Schriftstellern, Theaterleuten oder Politikern wie Karl Kraus, Max Reinhardt oder Rosa Luxemburg schien das nicht erforderlich — ihr Werk und ihre Namen leben. Bücher und Stücke von Ernst Toller oder Walter Hasenclever sind in Deutschland heute wieder verbreitet und die Kenntnis dieser Persönlichkeiten — soviel davon eine Anmerkung hätte vermitteln können — darf vorausgesetzt werden. Dagegen sind Arbeiten anderer Schriftsteller der Zeit — etwa Erich Mühsams — nicht wieder erschienen, eine Anmerkung soll also Vergessenes fixieren. Es werden keine Kommentare gegeben, nur möglichst nüchterne und objektive Angaben gemacht.

Wird in den Briefen an denselben Korrespondenzpartner auf denselben Namen, Werktitel, Sachzusammenhang o. ä. hingewiesen, so wird nur das erste Mal eine Erläuterung gegeben; «Oss», also Carl von Ossietzky, taucht zum Beispiel in den Briefen an Hasenclever oft auf, wird aber nur das erste Mal in den Anmerkungen zu diesem Briefteil genannt. Wo Kurt Tucholsky sich auf eigene Arbeiten bezieht, wird jeweils auf die Textstelle in den Gesammelten Werken Bd. I—III (GW), Rowohlt Verlag 1961/62, verwiesen.

I

An WALTER HASENCLEVER
28. 2. 26

1. *Ihr wertes Drama*: Gemeint ist Walter Hasenclevers Lustspiel «*Ein besserer Herr*».

2. *Dompropst Reber*: Charles Reber, Journalist.

13. 4. 26

1. *Sehr verehrtes gnädiges Frollein*: Der Brief war an Walter Hasenclevers Schwester Marita gerichtet.

2. *Swedenborg*: Walter Hasenclever gab 1925 in deutscher Nachdichtung eine Auswahl aus dem lateinischen Text Emanuel Swedenborgs heraus, «*Emanuel Swedenborg, Himmel, Hölle, Geisterwelt*».

3. *Erfinder der Streichhölzer*: Anspielung auf den Schweden Ivar Kreuger.

4. Viktor Hahn, Herausgeber und Besitzer der «*Nationalzeitung*», ab 1912 des «*8-Uhr-Abendblatts*», Berlin, das später der Mosse-Verlag übernahm.

(Datum des Poststempels)

1. Hans José Rehfisch (1891—1960), Dramatiker und Romancier.

2. Rudolf Leonhard (1889—1953), Schriftsteller, einer der ersten Hörspielautoren, zeitweise Lektor im Verlag Die Schmiede, in dem Kurt Tucholskys ‹Pyrenäenbuch› 1927 erschien. Leonhard war — wie u. a. auch Hasenclever, mit dem er jahrelang befreundet war — als deutscher Emigrant nach 1939 in verschiedenen französischen Lagern interniert.

3. Mit dem Schauspieler Ernst Deutsch war Hasenclever eng befreundet.

4. Der Anlaß zu diesem Brief war ein Unfall Hasenclevers, bei dem er sich das Bein gebrochen hatte.

27. 3. 28

1. *Columbus*: Gemeint ist die Komödie «*Christoph Kolumbus oder Die Entdeckung Amerikas*», die Tucholsky 1931 gemeinsam mit Hasenclever schrieb und die 1932 in Leipzig uraufgeführt wurde. Mit dem Thema beschäftigte sich Tucholsky schon viele Jahre vor der endgültigen Niederschrift und sammelte auch verschiedenes Material über Kolumbus; so lag diesem Brief eine kleine Glosse über einen modernisierten Kolumbus bei, die im «*Tagebuch*» erschienen war.

15. 10. 30

1. *Heyrathsschwindler*: Anspielung auf die Komödie eines Heiratsschwindlers «*Ein besserer Herr*» von Walter Hasenclever.
2. *Dank für Ihren werten Schrieb aus Emörreka*: Walter Hasenclever war auf Einladung einer großen Filmfirma mehrere Monate in Hollywood gewesen, um dort Drehbücher zu schreiben. Er hat sich dort nie in den ihm fremden Betrieb der Filmkonfektion einpassen können und saß schließlich zu seiner eigenen Verwunderung und Erbitterung völlig unbeschäftigt, aber hoch bezahlt, monatelang in den Studios herum.
3. *Felllll*: Feldwebelleutnant.
4. *Klumbumbus*: Gemeint ist die Komödie «*Christoph Kolumbus*».

28. 2. 33

1. *Affenstall*: Gemeint ist Nazi-Deutschland.

4. 3. 33

1. *Frau J. in Wien*: Gemeint ist die Frau Siegfried Jacobsohns, der der Verlag der Weltbühne nach dem Tode Jacobsohns, 1926, gehörte. (Vgl. Anm. zu Heinz Pol, S. 133.)
2. Hugo Eckener (1868–1954), Luftschiffer.
3. Aline Ménard-Dorian, Vorkämpferin für deutsch-französische Verständigung.
4. Alexander Kerenski (geb. 1881), 1917 Ministerpräsident der provisorischen russischen Regierung, von den Bolschewiken gestürzt.
5. Francesco Nitti (1868–1953), 1919/20 ital. Ministerpräsident. Gegner des Faschismus.
6. Graf Michael Karolyi wurde nach dem Zusammenbruch der habsburgischen Monarchie durch die Revolution am 30. 10. 1918 Staatspräsident der ungarischen Volksrepublik, im März 1919 wurde er von Bela Khun abgelöst, der die Ungarische Räterepublik ausrief
7. *Prozeß gegen Carl von Ossietzky*: In diesem Prozeß handelte es sich um folgendes: Tucholsky hatte am 4. 8. 1931 in der «*Weltbühne*» unter Ignaz Wrobel einen Artikel ‹*Der bewachte Kriegsschauplatz*› (vgl. GW III/905), veröffentlicht, in dem der Satz «Soldaten sind Mörder» stand. Der Reichswehrminister Groener strengte eine Klage wegen Beleidigung der Reichswehr an. Der Prozeß sollte am 1. 7. 1932 stattfinden. Angeklagt war der pressegesetzlich verantwortliche, inhaftierte Carl v. Ossietzky, der eine 18-monatige Gefängnisstrafe wegen Kritik am Etat der Reichswehr verbüßte. Die Anklage endete mit einem Freispruch Ossietzkys, die eingelegte Revision wurde «auf Kosten der Staatskasse» verworfen, weil der Ausdruck «Soldaten» ein Abstraktum ist und damit nicht die Reichswehr gemeint sei. Früher schon hatte Walter Kreiser unter dem Pseudonym Heinz Jäger in Nr. 11 der «*Weltbühne*»

vom 12. 3. 1929 einen Artikel «*Windiges aus der deutschen Luftfahrt*» veröffentlicht, in dem andeutungsweise festgestellt wurde, daß im Reichsverkehrsministerium eine Abteilung «M» militäraviatische Angelegenheiten behandelt. Der Artikel führte zu einer Anklage gegen Ossietzky und Kreiser. Der Prozeß fand unter Ausschluß der Öffentlichkeit statt, und zur selben Zeit wurde amtlich erklärt, daß Deutschland nicht rüste. Die Anklage setzte die Verurteilung Ossietzkys und Kreisers wegen Spionage durch (Kreiser war eine Woche nach der Urteilsverkündung nach Paris gegangen und hatte dort unter Verwendung des Prozeßmaterials im «*Echo de Paris*» eine Kampagne gegen die deutsche Militärpolitik begonnen). Allen Prozeßbeteiligten war Schweigegebot auferlegt worden. In erster und letzter Instanz verurteilte das Reichsgericht Ossietzky zu 18 Monaten Gefängnis. Der Prozeß fand im November 1931 statt. Am 10. 5. 1932 trat Ossietzky seine Gefängnisstrafe in Tegel an, wurde im Dezember 1932 durch die Schleichersche Weihnachtsamnestie entlassen, in der Nacht des Reichstagsbrandes am 27. 2. 1933 erneut verhaftet und kam in ein KZ. 1936 erhielt er den Nobel-Friedenspreis, den eine internationale Protestaktion gegen seine Inhaftierung erwirkt hatte. Er starb 1938 an den Folgen seiner Haft in einem Berliner Krankenhaus.

8. *Rutchen*: Gemeint ist Rudolf Leonhard.

9. «*Voyage au Bout de la Nuit*»: Roman von Louis-Ferdinand Céline (1894 bis 1961), franz. Schriftsteller, später Kollaborateur der Vichy-Regierung.

5. 3. 33
1. Die Sage vom Großen Krebs, ein Gedicht von Walter Mehring, erschien im vorletzten Heft der «*Weltbühne*» in Berlin vom 28. 2. 1933.

4. 4. 33
1. *Kisch ist heraus und hat u. a. in der Wiener «Weltbühne» einen gradezu erschütternden Bericht gegeben*: Egon Erwin Kischs Bericht «*Letzter Tag in Deutschland*» erschien am 30. 3. 1933 in der «*Wiener Weltbühne*».

2. *Obergausaf*: Wolf Heinrich Graf Helldorf, Polizeipräsident von Berlin, Obergau-SA-Führer.

3. Hellmuth von Gerlach (1866–1935), Chefredakteur der «*Welt am Montag*», die als «Unabhängige Zeitung für Politik und Kultur» 1895 gegründet wurde. Unter seiner Leitung wurde sie zur großen demokratisch-pazifistischen Montagszeitung Berlins.

11. 4. 33
1. «*Die Tat*», gegr. 1909, wurde in den dreißiger Jahren zum Organ der sog. Nationalbolschewisten. Hrsg. von Hans Zehrer, mitredigiert von Ferdinand Fried und Giselher Wirsing.

20. 4. 33
1. *An Edgars Geburtstag*: Anspielung auf Hitlers Geburtstag.

2. *Schweden ist meine Riviera*: Hasenclever lebte an der Riviera.

3. *Ich sitze in Schweden in einer besonders übeln Ecke*: Tucholsky lebte in Hindås bei Göteborg in Südschweden.

17. 5. 33
1. Joachim Murat (1767–1815, erschossen), Marschall Napoleons.

2. Otto Strasser (geb. 1897), nationalsozialistischer Politiker, trennte sich 1930 von Hitler und gründete die «Schwarze Front», emigrierte 1933 (sein Bruder Gregor Strasser wurde 1934 im Verlauf des Röhm-Putschs ermordet).

11. 6. 33

1. Hanns Johst (geb. 1890), völkischer Schriftsteller, der für den Nationalsozialismus eintrat und der 1933 Präsident der (aufgelösten) Akademie der
Deutschen Dichtung und 1935 der «Reichsschrifttumskammer» wurde.

18. 6. 33

1. *Moyahaus*: Tucholskys Haus in Hindås in Schweden.

2. Ernst Oberfohren, Mitglied des Reichstags, Deutschnationale Partei.

3. Werner von Blomberg (1878–1946), Generalfeldmarschall, 1933 Reichswehrminister.

4. *Wolffs*: Gemeint ist der Verleger Kurt Wolff und seine Frau. Kurt Wolff
ging 1931 von München nach Frankreich, damals noch nicht mit der Absicht
der Emigration, sondern um in Südfrankreich ein paar Jahre zu leben. Er kehrte
Anfang 1933 für ein paar Wochen nach Berlin zurück, erlebte die Nacht des
Reichstagsbrandes und war 24 Stunden später wieder in Frankreich. Dort blieb
er bis 1941, kam im April 1941 nach New York, wo er weiter erfolgreich als
Verleger arbeitete, und sah erst 1947 Deutschland zum erstenmal wieder. Er sah
Tucholsky im Sommer 1932 in Saint-Tropez zum letztenmal, zusammen mit
Walter Hasenclever. Kurt Wolff starb an den Folgen eines Verkehrsunfalls
1963 in Ludwigsburg.

12. 7. 33

1. «*März*», Halbmonatsschrift für Kunst, Literatur und Wissenschaft, hg. von
Ludwig Thoma und Hermann Hesse. 1914 war Theodor Heuss Redakteur des
«*März*».

2. Joseph Roth (1894–1939), österr. Schriftsteller.

3. Leopold Schwarzschild, Chefredakteur des «*Tagebuch*». «*Das Tagebuch*»
war eine von Ernst Rowohlt gegründete und von Stefan Großmann redigierte
Zeitschrift.

4. Eugen Freiherr von Binder-Krieglstein (geb. 1873), Schriftsteller.

5. Léon Daudet (1867–1942), Schriftsteller und Organisator der rechtsextre-
mistischen «Action Française».

25. 7. 33

1. *Das wackere Gebirglervolk*: Gemeint sind die Schweizer.

2. Wolfe: Gemeint ist Thomas Wolfe.

3. Die «*Neue Weltbühne*» druckte zwischen Juni und August 1933 fünf
grundsätzliche Artikel von Leo Trotzki über die deutsche Situation.

4. Arthur Henderson (1863–1935), engl. Politiker, langjähriger Vorsitzender der Labour Party, 1924 Innenminister, 1929–31 Außenminister, erhielt
1934 für seine Tätigkeit als Vorsitzender der Abrüstungskonferenz den
Friedens-Nobelpreis.

5. André François-Poncet (geb. 1887), 1931–38 franz. Botschafter in Berlin.

8. 8. 33

1. Ernst Röhm (1887–1934), nationalsozialistischer Parteiführer, Stabschef
der SA, am 30. 6. 1934 auf Befehl Hitlers erschossen; mit der Niederschlagung
des sog. «Röhm-Putsch» wurden oppositionelle Kräfte innerhalb der NSDAP
beseitigt.

Tucholskys Anspielung bezieht sich auf Röhms Homosexualität.

2. Paul Doumer, 1931–32 Präsident der Franz. Republik, wurde 1932 ermordet.

17. 8. 33

1. *Dort aufhältlich sein werde*: Tucholsky plante eine Reise nach Paris.

2. Paule: Paul Graetz (1890–1937), Schauspieler, dem Tucholsky mehrere Gedichte gewidmet und für den er Chansons zum Vortrag im Cabaret «Schall und Rauch» geschrieben hat; emigrierte 1933 nach London, dann nach USA, starb an einer Gehirnblutung unmittelbar vor Beginn der Proben zum Film «Ninotschka» mit Greta Garbo.

3. «Kulissen», Drama von Walter Hasenclever.

4. Edouard Daladier (geb. 1884), franz. Politiker, 1933/34 und 1938–40 Ministerpräsident.

5. Otto Braun (1872–1955), deutscher Politiker (SPD), preußischer Ministerpräsident, emigrierte 1933 in die Schweiz.

25. 8. 33

1. *Von Mary bin ich geschieden*: Mary Gerold. Tucholskys zweite Frau, die er am 30. 8. 1924 in Berlin heiratete. Die Ehe wurde am 21. 8. 1933 — zwei Tage vor Tucholskys Ausbürgerung — geschieden. Mary Tucholsky ist seine Universalerbin und verwaltet den literarischen Nachlaß und das von ihr aufgebaute Tucholsky-Archiv in Rottach-Egern.

29. 8. 33

1. *Ich empfinde diese Sache weder als Orden noch als Diffamierung, sondern als Unbequemlichkeit, die mir Laufereien machen wird*: Gemeint ist Tucholskys Ausbürgerung, die am 23. 8. 1933 erfolgte und am 25. 8. 1933 im «Deutschen Reichsanzeiger und Preußischen Staatsanzeiger» veröffentlicht wurde.

2. Max Hölz (1889–1933), komm. Agitator, leitete die kommunistischen Gegenaktionen gegen den Kapp-Putsch im Vogtland; 1921 Führer des Mitteldeutschen Aufstands, im selben Jahr zu lebenslänglichem Zuchthaus verurteilt, 1928 amnestiert; stand mit Tucholsky und anderen auf der ersten Ausbürgerungsliste.

3. *Cimber*: Zimbern (Cimbern, Kimbern), germanisches Volk, verließ gegen Ende des 2. Jhs. v. Chr. die zimbrische Halbinsel Jütland und gelangte nach Süddeutschland, Gallien und Spanien.

14. 9. 33

1. *Dorthin*: Gemeint ist Hindås in Schweden.

2. *Ich lebe «zur Zeit in der Schweiz»*: Kurt Tucholsky hatte seit 1929 seinen ständigen Wohnsitz in Schweden, von wo er wiederholt Auslandsreisen (England, Frankreich, Schweiz) unternahm. Seine gesamte Post ließ er ab 1933 über eine Schweizer Deckadresse laufen. Alle seine Freunde und Bekannten lebten in der Annahme, Tucholsky wohne in der Schweiz.

3. Max Alsberg (1877–1933), Rechtsanwalt und Notar, Verteidiger in zahlreichen großen Sensationsprozessen, beging Selbstmord.

4. Theodor Lessing (1872–1933), philosophischer Schriftsteller, wurde von den Nationalsozialisten im tschechischen Exil ermordet.

15. 9. 33

1. *Leider werde ich nicht so lange hier bleiben können*: In Paris.

2. *Gegenprozeß in London*: In London wurde von militanten Antifaschisten, geführt von dem kommunistischen Verleger Willi Münzenberg, ein Gegenprozeß gegen den Reichstagsbrand-Prozeß in Leipzig organisiert. Dieser Gegenprozeß, der prominente Zeugen zitierte (u. a. trat dort auch Ernst Toller als Zeuge auf), wurde sogar im Anfangsstadium des Reichstagsbrand-Prozes-

ses z. T. in der Beweisführung, Anklage und Verteidigung mit berücksichtigt.

Willi Münzenberg, der in Berlin den Neuen Deutschen Verlag aufgebaut hatte (in dem 1929 auch Tucholskys Buch ‹Deutschland, Deutschland über alles› erschienen war), gründete u. a. im Pariser Exil den Verlag Éditions du Carrefour, in dem 1937 Berthold Jacobs Ossietzky-Buch «Weltbürger Ossietzky — ein Abriß seines Werkes» erschien. Münzenberg starb in der Emigration, nachdem er in den Verdacht des Trotzkismus geraten war, unter mysteriösen Umständen.

14. 12. 33

1. Lion Feuchtwangers Roman «Die Geschwister Oppenheim» (1933) ist die Darstellung der Schicksale einer jüdischen Familie in Deutschland nach der Machtergreifung.

2. *Seine Haltung ist leider ... anständiger als die Thomas Manns*: Kurt Tucholsky warf Thomas Mann wiederholt vor, daß er, obwohl Nobelpreisträger, seine Bücher noch im Nazi-Deutschland verlegte und auch gegen die Vorgänge in Deutschland seine Stimme nicht erhob. (Der erste Band der Joseph-Tetralogie «Geschichten Jaakobs» erschien 1933 in Deutschland, einige der früheren Bücher Manns waren noch im Handel. Thomas Mann kehrte 1933 von einer Schweizer Vortragsreise nicht nach Deutschland zurück.)

3. Alfred Döblin weigerte sich, gemeinsam mit Thomas Mann, an Emigrantenzeitschriften mitzuarbeiten, um den weiteren Vertrieb seiner Bücher in Deutschland nicht zu gefährden, vor allem mit der Begründung, er möchte seine Einflußmöglichkeit auf die deutschen Leser nicht einbüßen.

4. *Ernstchen sein neues Buch*: Gemeint ist Ernst Tollers Lebensbericht «Eine Jugend in Deutschland», der 1933 in deutscher Sprache im Amsterdamer Querido-Verlag erschienen war. Der Querido-Verlag hatte unter Leitung von Dr. Landshoff vom Kiepenheuer-Verlag in Berlin eine deutsche Abteilung eröffnet, wo die Emigrationsliteratur verlegt wurde, u. a. erschienen dort Döblin, Feuchtwanger, Emil Ludwig, Georg Kaiser, Thomas Mann, Joseph Roth, Jakob Wassermann, Arnold Zweig. Ab 1. 9. 1933 gab Klaus Mann hier auch seine Zeitschrift «Die Sammlung» heraus.

5. 1. 34

1. Siegfried Kracauer war bis 1933 Redakteur der «Frankfurter Zeitung», zuletzt als Berliner Vertreter des Feuilletons, emigrierte über Paris nach den USA, wo er als wissenschaftlicher Mitarbeiter der Museum of Modern Arts Film Library in New York sein Buch «From Caligari to Hitler» veröffentlichte.

2. Bäumler: Alfred Baeumler, Mitherausgeber d. Handb. f. Philosophie. Herausgeber von Nietzsches Werken 1930.

[Juli 1934?]

1. Wilhelm Speyer (1887–1952), Schriftsteller, Verfasser erfolgreicher Unterhaltungsromane.

2. *Theodor Wolff hat in der Schweiz ein Buch veröffentlicht*: Gemeint ist «Der Krieg des Pontius Pilatus», Zürich 1934.

3. Charles Péguy (1873–1914), franz. Schriftsteller, Lyriker und sozialistischer Publizist, gab ab 1900 die politisch unabhängigen «Cahiers de la Quinzaine» heraus, er war Sozialist ohne politische Bindung, Katholik ohne kirchliche Bindung.

4. Stanley Baldwin (1867–1947), engl. konservativer Staatsmann, Premierminister 1923–29, 1935–37. (Mit Ausnahme Januar–November 1924.)

5. Jean Louis Barthou (1862–1934, ermordet), französischer Staatsmann, 1934 Außenminister.

6. Die Zeitschrift «*L'Ordre nouveau*» (1933–38), hrsg. von Arnaud Dandieu und Robert Aron, vertrat die Richtung des Personalismus. Zu dieser Bewegung gehörte Denis de Rougemont. Das Buch «*La Révolution nécessaire*» war ebenfalls gemeinsam von Dandieu (1897–1933) und Aron herausgegeben.

7. Heinrich Brüning (geb. 1885), deutscher Reichskanzler 1930–32 (seit 1931 auch Außenminister), emigrierte 1934 nach USA, seit 1952 Professor in Köln.

8. Karl Valentin (1882–1948), Volkshumorist in München.

27. 7. 34

1. «*Landstreicher*»: Roman von Knut Hamsun, 1930.

6. 9. 34

1. *Dank für das Stück*: Gemeint ist Walter Hasenclevers Drama «*Münchhausen*».

2. Eugen Klöpfer, Schauspieler.

3. *Frau Edith*: Edith Hasenclever, lebt in Cagnes-sur-Mer.

4. *Unsere alte Zusammenarbeit*: Tucholsky bezieht sich auf die gemeinsame Arbeit am «*Christoph Kolumbus*».

5. *30. Juni*: Am 30. 6. 1934 war der «Röhm-Putsch».

6. W. A. Berendsohn veröffentlichte 1946 im Züricher Europa-Verlag einen wertvollen Überblick über die deutsche Emigrationsliteratur «*Die humanistische Front*».

7. Alexis-Félix Arvers (1806–50).

26. 9. 34

1. *N. R. F.*: «*Nouvelle Revue Française*», bedeutende französische Literaturzeitschrift des Verlagshauses Gallimard, gegründet 1909, hrsg. von André Gide; unter dem Zeichen NRF erscheinen im selben Verlag auch Bücher.

7. 10. 34

1. *Anbei ein Pröbchen aus meiner schmerzlichsten Enttäuschung der letzten Jahre*: Dem Brief lag Hamsuns Artikel «*Abwarten und Sehen*» aus der Osloer «*Aftenposten*» vom 10. 7. 1934 bei, in dem er gegen einen zuvor in der «*Aftenposten*» publizierten Artikel von Prof. Fredrik Paasche polemisierte, die Entwicklung in Nazi-Deutschland in Schutz nahm und die Weimarer Republik einen Staat nannte, «wo die Kommunisten, die Juden und Brüning dies nordische Land regierten».

2. *Swedenborgianer*: Vgl. Anm. S. 124.

3. Vilfredo Pareto (1848–1923), ital. Volkswirtschaftler und Soziologe, Vertreter einer mechanistischen Auffassung der Gesellschaftsordnung.

4. Leonhard Ragaz (1868–1945), Schweizer evang. Theologe und Pazifist, der sich in vielen seiner Bücher mit dem Marxismus auseinandersetzte.

5. *Unser eingesperrter Freund*: Gemeint ist Carl v. Ossietzky.

6. *Die prophetischen Worte unseres Freundes*: Gemeint ist Carl v. Ossietzky.

7. *Die Nobelpreis-Aussichten für jenen* . . .: Carl v. Ossietzky.

14. 10. 34

1. *Was ich über U. geschrieben habe*: In einem hier nicht aufgenommenen Brief vom 1. 10. 1934 schrieb Tucholsky u. a.: «Daß Ihr Freund Unruh auf einem Kongreß in Rom zusammen mit Gerhart dem Landsturm-Hauptmann die deutsche Literatur vertritt, ist durchaus folgerichtig. Polgar hat den schon vor zehn Jahren richtig erkannt.»

2. Horace Finaly, in Ungarn geboren, war Generaldirektor der Banque de France et des Pays-Bas, die in und außerhalb Frankreichs große industrielle

Unternehmungen beherrschte. Finalys Einfluß erstreckte sich auch auf die franz. Presse, besonders auf die Telegrafenagentur Agence Havas, den Zeitungsvertrieb Messageries Hachette und viele große Pariser Tageszeitungen.

1. 11. 34
1. *Daß Ihnen Italien nicht gefallen hat*: Hasenclever wurde als Deutscher während Hitlers Besuch bei Mussolini eine Woche lang in Italien inhaftiert.

15. 12. 34
1. *Gänsemännchen*: Roman von Jakob Wassermann.
2. Georges Sorel (1847–1922), franz. Philosoph und Zeitkritiker.
3. Karl Radek (1885–1939?), sowjetischer Politiker und Theoretiker, wurde nach langjähriger Tätigkeit in Polen und Deutschland wegen seiner Opposition gegen Stalin 1927–29 verbannt und 1937 als Trotzkist inhaftiert.
4. Kurt Hiller, geb. 1885, rechtsphilosophisch-kulturpolitischer Schriftsteller; Mitbegründer der aktivistischen Bewegung; 1918 Vorsitzender des Politischen Rats geistiger Arbeiter (Berlin); 1926–33 Führer der Gruppe Revolutionärer Pazifisten; 1933–34 KZ; Ende 1934 Emigration nach Prag, dann London, Rückkehr nach Deutschland 1955.
5. Theodor Wolff war Chefredakteur des «*Berliner Tageblatts*», Tucholsky Chefredakteur des im selben Verlag erscheinenden «*Ulk*». 1933 verließ Wolff den Verlag, das Verlagshaus Mosse wurde arisiert und nannte sich «Berliner Druck und Zeitungsvertrieb A. G.». Das «*Berliner Tageblatt*» stellte am 1. 1. 1939 sein Erscheinen ein.
6. Pierre Laval (1883–1945), 1934 franz. Außenminister. Wegen Zusammenarbeit mit Nazi-Deutschland als Chef der Vichy-Regierung 1945 hingerichtet.
7. Aristide Briand (1862–1932), 1925–32 französischer Außenminister, Friedensnobelpreis 1926.
8. Wilhelm Furtwängler (1886–1954), Dirigent u. Komponist.
9. *Unser Freund*: Gemeint ist Carl v. Ossietzky.
10. *Kapp-Putsch*: Wolfgang Kapp (1858–1922), unternahm 1920 mit General Walther Frhr. von Lüttwitz einen mißglückten nationalistischen Putschversuch, der nach drei Tagen durch Generalstreik zusammenbrach.
11. Karl Severing (1875–1952), sozialdemokratischer Politiker, 1920–32 mehrfach preußischer, zeitweise auch Reichsinnenminister.

25. 1. 35
1. *Max, muß ich noch alle Briefe vernichten*: Auf ausdrücklichen Wunsch Hasenclevers hat Kurt Tucholsky alle Briefe von ihm vernichtet.

10. 2. 35
1. Casimir de la Rocque (1886–1946), Führer der rechtsradikalen Organisation «Croix de Feu».
2. *Unser blonder Freund*: Gemeint ist Reinhold Schairer; Hasenclever war mit dem Ehepaar Schairer Jahre hindurch befreundet.
3. «*Kulissen*»: Bühnenstück von Walter Hasenclever, in dem Paul Graetz als Schauspieler vorkommt.

(ohne Datum)
1. *Unsere selige Spittelzeit*: Gemeint ist die Zeit, als Tucholsky und Hasenclever gemeinsam am «*Christoph Kolumbus*» arbeiteten.
2. *Das andere ist da oben abgebildet*: Dem Brief lag eine aufgeklebte Karikatur von einem gefesselten Mann bei, dem die Nase abgeschnitten wird.
3. Georg Jung, Professor für Hals-, Nasen- und Ohrenheilkunde.

4. Edouard Herriot (1872–1957), franz. Politiker, 1924/25 und 1932 Ministerpräsident, 1943–45 in deutscher Haft.

5. Viscount Edgar Vincent d'Abernon (geb. 1857), engl. Botschafter in Berlin 1920–26.

6. *Dobrin*: Konditorei in Berlin.

7. *Wien und die Dollfuß-Morde*: Engelbert Dollfuß (1892–1934), Politiker der Christlich-Sozialen Partei und österreichischer Bundeskanzler seit 1932, löste nach einem blutigen Aufstand des «Republikanischen Schutzbundes» im Februar 1934 alle Parteien auf und verkündete am 1. 5. 1934 eine neue Verfassung. Seine Politik richtete sich gegen die nationalsozialistische wie die sozialdemokratische Partei. Dollfuß wurde von Nationalsozialisten ermordet.

9. 11. 35

1. *Na, denn man los mit dem guten alten Onkel da unten*: Gemeint ist Hasenclevers Stück «*Münchhausen*».

2. *Anbei eine Probe*: Dem Brief lag in freier Übertragung aus dem Schwedischen von Tucholsky das Gedicht «*Thersites*» von Gustaf Fröding bei. Gustaf Fröding (1860–1911) gilt als einer der bedeutendsten schwedischen Lyriker der 2. Hälfte des 19. Jhs.

3. *In der andern Sprache*: Gemeint ist Schwedisch.

4. Frank Heller (1886–1948), schwedischer Kriminalromanschriftsteller.

5. Esaias Tegnér (1782–1846), schwedischer Dichter (wurde 1824 Bischof von Växjo), gilt als der schwedische Nationaldichter.

6. Karl Michael Bellman (1740–95), schwedischer volkstümlicher Lyriker und Parodist (sein Leben wurde 1948 von Zuckmayer dramatisiert).

7. Carl Jonas Love Almquist (1793–1866), schwedischer revolutionär-romantischer Dichter, Vorkämpfer der Frauenbewegung und der Schulreform.

29. 11. 35

1. *Kollaboration*: Es handelt sich um das Stück «*What should the Husband do*» («*Ehekomödie*»). Hasenclever hatte das Stück gemeinsam mit Robert Klein geschrieben, der in London lebte und den Geschmack des englischen Publikums kannte. Robert Klein war in den zwanziger Jahren stellvertretender Direktor von Max Reinhardts Deutschem Theater in Berlin gewesen.

2. «*Tschandala*»: Histor. Roman von August Strindberg.

3. Kurt von Schleicher (1882–1934), General, vom 2. 12. 1932 – 29. 1. 1933 Reichskanzler; wurde – zusammen mit seiner Frau – beim «Röhm-Putsch» erschossen.

4. Antoine de Rivarol (1753–1801), franz. Schriftsteller und Journalist, Kritiker der Französischen Revolution.

5. *Ich hatte an die Gräfin und Sie gemeinschaftlich einen Schreibebrief geschrieben*: Jean de Montaignac, die K. T. «die Gräfin» nannte und mit der er befreundet war.

(ohne Datum)

1. Mit diesem Brief endete die Korrespondenz mit Hasenclever, der Kurt Tucholsky nicht mehr sah. Nach dem Tode Tucholskys traf bei Hasenclever noch ein Zeitungsausschnitt aus einer französischen Zeitung ein, die Zitate aus einer Saarbrückener Rede Goebbels' wiedergab: «. . . Die Opposition hat nichts tun können, als sie an der Macht war. Jetzt wirft sie uns vor: ‹Aber euch haben wir, als ihr in der Opposition wart, das Recht der freien Meinungsäußerung gelassen› – das will nicht sagen, daß wir genau so verfahren.»

Der Ausschnitt war von Kurt Tucholsky überschrieben:

EINE QUITTUNG
«. . . dankend erhalten zu haben bescheinigt»
und darunter stand in Schreibmaschine:
Aufgeklebt für den lb Max, weil er nicht nur im Sommer 32 gesagt hat:
«Novemberverbrecher! Novemberverbrecher!»

II

An HEINZ POL

Geb. 1904 in Berlin, Schriftsteller und Journalist, bis 1933 Redakteur bei der
«Vossischen Zeitung» und ständiger Mitarbeiter (auch unter dem Pseudonym
Jakob Links) der *«Weltbühne»* und der *«Literarischen Welt»*. Lebt jetzt als
Korrespondent der *«Frankfurter Rundschau»* und anderer Zeitungen in USA.

Seit Frühjahr 1932 erschien unter dem Titel *«Wiener Weltbühne»* eine Wiener Parallelausgabe der Berliner *«Weltbühne»*. Dieses Ausweichquartier war
wegen der Befürchtung gewählt worden, daß die *«Weltbühne»* bereits unter
dem Regime Schleicher/Papen verboten werden könnte, vor allem aber auch,
weil die «Weltbühnen»-Herausgeber und -Mitarbeiter bereits mit der Möglichkeit eines Hitler-Regimes rechneten. Tucholsky war zum Zweck der Gründung
der *«Wiener Weltbühne»* nach Wien gekommen und hatte dort u. a. mit Willy
(William) Schlamm verhandelt. Die *«Wiener Weltbühne»* war Eigentum eines
Verlages, der Frau Jacobsohn und einem Wiener Industriellen zu gleichen
Teilen gehörte. Sie erschien unter eigener Redaktion von W. S. Schlamm, der
in der jeweiligen Ausgabe etwa die Hälfte der Beiträge aus der Berliner *«Weltbühne»* übernahm, deren Fahnen ihm zugeschickt wurden; hinzu kam jeweils
ein Leitartikel von Schlamm sowie einige Wiener Beiträge. Nach dem Verbot
der Berliner *«Weltbühne»* verblieb die Chefredaktion bei W. S. Schlamm, der
die Zeitschrift mit der Nr. vom 14. 4. 1933 in *«Die Neue Weltbühne»* umbe-
nannte und das Blatt auch von dieser Nummer an in Prag herausgab. Nachdem
Dollfuß in Wien bereits das Parlament aufgelöst hatte, war das Unternehmen
aus politischen Gründen in seiner Existenz auch in Wien gefährdet. Frau Jacobsohn war nach Zürich gezogen, ihr Partner in Wien geblieben. Aus pressetech-
nischen Gründen wurden im Impressum «verantwortliche Redakteure» genannt, und zwar in Österreich Adolf Bauer, in Prag Ernst Fröhlich; beide
Verlagsangestellte hatten österreichische resp. tschechoslowakische Staatsangehörigkeit und waren sogenannte «Sitzredakteure», also Angestellte, die im
Notfall eine Gefängnisstrafe absitzen konnten, ohne daß dadurch die Weiter-
führung des Blattes gefährdet wurde. W. S. Schlamm schied im Frühsommer
1934 aus der Redaktion aus. Das Blatt wurde von Hermann Budzislawski
übernommen, unter dessen Leitung es schließlich der Kommunistischen Partei
zugespielt wurde.

31. 3. 33
  1. *Daß es gut gegangen hat*: Gemeint ist Heinz Pols Emigration aus Deutschland.

7. 4. 33
  1. *«Aufruf»*: Die damals in Prag erscheinende Halbmonatsschrift *«Der Aufruf»*, ursprünglich das Organ der Liga für Menschenrechte, hrsg. von Dr. Bill.
  2. *«Die Tat»*: Vgl. Anm. zu Walter Hasenclever, S. 126.
  3. Theodor Wolff, vgl. Anm. zu Walter Hasenclever, S. 131.
  4. Rudolf Breitscheid (1874–1943), sozialdemokratischer Politiker, Mitglied

des Reichstags, November 1918 bis Januar 1919 preußischer Innenminister. Breitscheid war von Zürich nach Paris gekommen und flüchtete, als die Hitler-Wehrmacht Paris besetzte, nach Marseille in die damals noch unbesetzte Zone. Er wurde im September 1940 auf Anordnung der Gestapo von der Pétain-Polizei verhaftet und ausgeliefert. Breitscheid ist im KZ umgekommen.

20. 4. 33

1. *Daß sich die «Weltbühne» ... mit dem «Aufruf» nicht vereinigt:* Der Herausgeber des *«Aufruf»* Dr. Bill hatte eine Koalition zwischen *«Aufruf»* und *«Weltbühne»* vorgeschlagen.

2. *Artikel über den SA-Mann:* «Ein SA-Mann» von Hermann Britt in «Die Neue Weltbühne» vom 13. 4. 1933.

3. *Bündnis mit der Reichswehr:* Generaloberst Hans von Seeckt (1866–1936) schloß bereits um 1920 ein Geheimbündnis mit Moskau ab, demzufolge deutsche Offiziersanwärter in der Sowjetunion ausgebildet wurden unter Umgehung der Bestimmungen des Versailler Vertrages. (Vgl. GW III/32, ‹Der Kriegsschauplatz›.)

4. *Dieser Prozeß:* Gemeint ist einer der ersten großen Schauprozesse in Moskau, in dem einige in der Sowjetunion engagierte britische Ingenieure wegen Spionage angeklagt und auch verurteilt wurden; Tucholsky war empört über die Instinktlosigkeit der sowjetischen Behörden, einen solchen Prozeß gerade in dem Augenblick zu inszenieren, in dem die englische öffentliche Meinung, erregt über Hitlers Machtergreifung, die Entwicklung in der Sowjetunion etwas positiver beurteilte.

5. *«Rote Fahne»:* Zentralorgan der KPD.

6. Eduard Helsey (Pseudonym: Lucien Couland) (geb. 1883), franz. Reporter und Globetrotter, Verfasser zahlreicher Reiseberichte, z. Z. Vorsitzender der Association des Grands Reporters.

7. *«Journal»:* Eine rechtsgerichtete Pariser Tageszeitung, die seit Jahren in großen Reportagen gegen das militaristische und nationalistische Wiedererstarken Deutschlands Stellung genommen hatte.

7. 5. 33

1. Erika Mosse, die zur Familie Rudolf Mosses gehörte, dem Berliner Zeitungsmagnaten (*«Berliner Tageblatt»*), war nach Prag geflüchtet und wollte von K. T. Empfehlungen haben, die ihr weiterhelfen sollten.

2. *Frau J.:* Edith Jacobsohn war die Frau von Siegfried Jacobsohn und Inhaberin des Verlages Williams & Co., Berlin.

3. *Der Schritt der Liga für Oss:* Gemeint ist ein Protest der Liga für Menschenrechte gegen die Verhaftung Carl v. Ossietzkys unmittelbar nach dem Reichstagsbrand.

4. 7. 33

1. Die liberale Wochen-, später Monatsschrift *«Das Blaue Heft»* war 1918/19 von Max Epstein in Berlin gegründet worden und befaßte sich vor allem mit Theater und Kunst; Epstein emigrierte früh nach Paris, wo das *«Blaue Heft»* noch kurze Zeit weitererschien.

20. 7. 33

1. *Eine B. Z. zu gründen:* Franz Hoellering, Chefredakteur von Ullsteins *«B. Z.»* (*«Berliner Zeitung am Mittag»*), war nach Prag emigriert und hatte dort zusammen mit einigen Redakteuren und Geldgebern des *«Prager Tagblatts»* eine nach Berliner Muster getreulich kopierte Zeitung *«Prager Mittag»* herausgegeben, die bald wieder einging.

2. *In Sachen Oss*: Es waren vor allem über die Prager und Pariser Liga für Menschenrechte Bestrebungen im Gange, einen Aufruf internationaler Schrift steller und Politiker zugunsten Ossietzkys zu organisieren. Man beschloß schließlich, auf die Namen deutscher «Weltbühnen»-Mitarbeiter zu verzichten und sich nur an Franzosen, Engländer und Amerikaner zu wenden. Die Organisation dieses Manifests schlug fehl, und es blieb bei individuellen Protesten.

18. 2. 34
1. *Nr. 1*: Deutsche Emigranten hatten in Prag ein politisch-satirisches Witzblatt gegen den gleichgeschalteten deutschen *«Simplicissimus»* gegründet, das sich *«Der Simpel»* nannte und dessen Chefredakteur Heinz Pol war. 1934 verkaufte Frau Jacobsohn die *«Weltbühne»* an die Geldgeber des *«Simpel»*, und beide Blätter erschienen im selben Verlag. Ende 1935 ging der *«Simpel»* ein, Heinz Pol übersiedelte nach Paris.
2. *Was O. angeht, so hatte ich an Steed geschrieben*: Tucholsky hatte sich wegen der geplanten internationalen Protestaktion gegen die Inhaftierung Ossietzkys an den weltbekannten Chefredakteur der Londoner *«Times»*, Henry Wickham Steed, gewandt, der in Deutschland studiert hatte, als einer der besten Kenner Deutschlands galt und sich bereits früh gegen den deutschen Nationalismus gewandt hatte. Steed schrieb dann später auch das Vorwort zu Berthold Jacobs Ossietzky-Buch.
3. Otto Wels (1873–1939), sozialdemokratischer Politiker, Mitglied des Reichstags.
4. Otto Bauer (1882–1938), österr. Politiker, Sozialdemokrat, 1918 Staatssekretär des Auswärtigen, emigrierte 1934.
5. *«Lu»*: Satirische französische Zeitschrift, militant antifaschistisch, druckte vor allem politische Karikaturen aus aller Welt in großer Auflage nach, auch aus dem *«Simpel»*, worauf sich Tucholskys Bemerkung über MacDonald bezieht (James Ramsay MacDonald [1866–1937], engl. Arbeiterführer, Mitbegründer der Labour Party, 1924 u. 1929–35 Premierminister).
6. *Herr Ratti aus Rom*: Papst Pius XI., Achille Ratti, 1922–39.
7. *Blättchen*: Spitzname für die *«Weltbühne»*, die schon von Siegfried Jacobsohn so genannt wurde.

III

An ANNETTE KOLB

Dieser Brief ist auch in der erhaltenen Vorlage (einer maschinengeschriebenen Kopie, der Tucholsky wahrscheinlich eine handschriftliche Notiz zufügte) unvollständig.

29. 2. 32
1. *Schoenberger*: Gemeint ist Franz Schoenberner, verantwortlicher Redakteur des *«Simplicissimus»*.
2. Thomas Theodor Heine (1886–1948), satirischer Zeichner, Mitbegründer des *«Simplicissimus»*.
3. Erich Schilling, Zeichner, Mitarbeiter des *«Simplicissimus»*.

IV

Geb. 1888, führender Berliner Theaterkritiker (am «Börsen-Courier»), Antipode Alfred Kerrs. Lebt heute in Berlin, leitet das theaterwissenschaftliche Archiv der Deutschen Akademie der Künste (Ost).

18. 10. 29
1. Iherings Polemik war im «Tagebuch», Jg. 20, 1929, S. 1690 f, erschienen.
2. Deutschland-Buch: Gemeint ist Tucholskys Buch ‹Deutschland, Deutschland über alles› mit Fotomontagen von John Heartfield, das 1929 in Willi Münzenbergs Neuem Deutschem Verlag erschien.
3. Ich habe mir selbst in der «Weltbühne» attestiert . . .: Vgl. GW III/192, ‹Das Buchhändler-Börsenblatt›.
4. Schlimmer als unter dem Seligen: Wilhelm II.

V

An Maximilian Harden

9. 8. 24
1. Ich bin das andere Königskind: Anspielung auf das Gedicht «Es waren zwei Königskinder, die konnten zusammen nicht kommen, das Wasser war viel zu tief», weil Tucholsky, der in Paris lebte, gerade in Berlin war, als Maximilian Harden, der in Berlin lebte, nach Paris kam.
2. Die berliner Herren: Kurt Korff und Kurt Szafranski, die Tucholsky gebeten hatten, bei der Vorbereitung zur ersten Nummer des Ullsteinmagazins «Uhu» behilflich zu sein.
3. William Bird, Europavertreter eines großen amerikanischen Pressekonzerns, für den Harden jahrelang allwöchentlich einen politischen Artikel schrieb und bei dem Harden zu Gast in Paris war.

14. 4. 26
1. Oberschlesische Sache: Gemeint ist: Schlesischer Ausschuß: Eine Volksabstimmung sollte entscheiden, ob das preußische Oberschlesien bei Deutschland bleiben oder zu Polen kommen sollte. Der «Oberschlesische Ausschuß» hatte sich mit dem Ziel gebildet, die prodeutsche Propaganda zu unterstützen. Der Völkerbund entschied am 20. 10. 1921 die Frage: das Land wurde geteilt.
2. Kommission der USP: Tucholsky hatte wegen seiner Mitwirkung am «Oberschlesischen Ausschuß» eine Untersuchung gegen sich selbst beim Zentralkomitee der USPD, der er für kurze Zeit angehörte, angestrengt. In einem Kommuniqué, vom 17. 6. 1922, das u. a. von Ledebour unterzeichnet war, wurde Tucholskys Haltung, der die Mitarbeit am Schlesischen Ausschuß von sich aus aufgegeben hatte, weder als antisozialistisch noch antirepublikanisch bezeichnet und seine Mitarbeit für die Parteipresse der USPD, insbesondere an der «Freiheit», wurde ausdrücklich gewünscht.
3. Ein alter Jugendfreund: Kurt Szafranski.
4. Georg Bernhard, Chefredakteur der «Vossischen Zeitung», Mitglied des Reichswirtschaftsrates.
5. Victor Margueritte, franz. Schriftsteller. (Vgl. GW II/242, ‹Wandertage in Südfrankreich›.)
6. Otto Geßler, Reichswehrminister von 1920–28.

7. *Cohn*: Emil Ludwig war der Sohn des Augenarztes Professor Hermann Cohn und erhielt bei der Taufe offiziell den Namen Emil Ludwig.

8. *Isidor*: Maximilian Harden hieß mit bürgerlichem Namen Felix Witkowski und wurde von den Nationalisten Isidor Witkowski genannt.

9. Leopold von Hoesch, deutscher Botschafter in Paris.

10. *T. W.*: gemeint ist Theodor Wolff. Vgl. Anm. zu Walter Hasenclever S. 131.

11. «*Die Zukunft*» hieß die Zeitschrift, die Maximilian Harden von 1892 bis 1922 herausgab.

3. 5. 26

1. Lucien Lévy-Bruhl, franz. Philosoph.

2. *Die Wirkung des Buches*: Gemeint ist Emil Ludwigs Buch «*Wilhelm II.*». (Vgl. GW II/298, ‹*Das Buch vom Kaiser*›.)

3. Wolfgang Heine (geb. 1861), Rechtsanwalt, 1918 preußischer Justizminister, 1919–20 preußischer Minister des Innern (SPD), wurde auch bekannt durch seine brillante Verteidigung im «Reigen»-Prozeß. Hatte Harden eine «unselige Natur» genannt.

4. *Damals, als alle auf ihm herumhackten*: In einem 1904 im «*Berliner Tageblatt*» erschienenen Artikel wurde Siegfried Jacobsohn vorgeworfen, Teile einer Theaterkritik von Alfred Gold in einem eigenen Aufsatz plagiiert zu haben; Jacobsohn verteidigte sich damit, daß der Wortlaut der Kritiken Golds sich klischeehaft in seinem Gedächtnis festgesetzt habe und mechanisch in seinen Sätzen aufgetaucht sei. Er gab seine Mitarbeit an der «*Welt am Montag*» auf und ging für ein Jahr nach Paris. 1905 gründete er in Berlin die «*Schaubühne*», die spätere «*Weltbühne*». (Vgl. auch GW III/510, ‹*Fünfundzwanzig Jahre*›.)

12. 6. 27

Kurt Tucholsky hatte seit dem Tod von Siegfried Jacobsohn im Dezember 1926 die «*Weltbühne*» als Herausgeber geleitet. Die erste Nummer nach Jacobsohns Tod trug auf der Titelseite den Vermerk: Begründet von Siegfried Jacobsohn – Herausgeber: Kurt Tucholsky. Das Impressum lautete: Verantwortlich i. V. Carl v. Ossietzky. Ab 25. 1. 1927 Nr. 4 hieß es im Impressum: Verantwortlich Carl v. Ossietzky, also *ohne* i. V.

VI

An Fritz Tucholsky

Tucholskys Bruder Fritz, wurde von ihm aus Scherz Kohn genannt. Geb. 1896 in Stettin, gest. 1936 in USA. Studium an der T. H., Maschinenbau, wurde in der Inflation Bankangestellter, dann Angestellter der Messe u. des Fremdenverkehrsamts der Stadt Berlin, 1933 durch die Nazis entlassen, flüchtete nach der ČSR u. emigrierte von dort 1935 nach USA. Kam 1936 bei einem Autounfall ums Leben.

18. 1. 31

1. *Das Blättchen*: Vgl. Anm. zu Heinz Pol, S. 135.

2. *Habe ich mich an einer kleinen Geschichte versucht; Fertigstellung des kleinen Buches*: Gemeint ist beide Male Tucholskys Buch ‹*Schloß Gripsholm*›, das 1931 bei Rowohlt erschien.

3. *Ein neuer Auswahlband*: Gemeint ist Tucholskys Buch ‹*Lerne lachen ohne zu weinen*›, das Rowohlt 1931 verlegte.

6. 4. 31

1. *Mein hamburger Freund*: Gemeint ist Hans Fritsch, genannt Jakopp. KARLCHEN und JAKOPP (Dr. ERICH DANEHL, gest. 1952, und HANS FRITZSCH, gest. 1931), Freunde Tucholskys aus dem Ersten Weltkrieg.

2. *Mosse hat nur die kleine Geschichte erworben*: ‹Schloß Gripsholm› wurde im «Berliner Tageblatt» vorabgedruckt.

3. *Nicht mehr über Hamburg*: Weil «Jakopp», der in Hamburg gelebt hatte, gestorben war.

11. 7. 33

1. Dieser Brief ging nach Prag, wohin Tucholskys Bruder fliehen konnte.

2. *Zusammenschluß zwischen den beiden Blättern*: Vgl. Anm. zu Heinz Pol, S. 134.

5. 8. 33

1. *Sicherheitshalber lasse ich das über den «Aufruf» gehen*: Vgl. Anm. zu Heinz Pol, S. 133.

2. *«Simpel» und die andern Blätter*: Vgl. Anm. zu Heinz Pol, S. 135.

3. *Schlamm meist gut*: Vgl. Anm. zu Heinz Pol, S. 133.

31. 8. 33

1. *Die Scheidung ist inzwischen ausgesprochen worden*: Vgl. Anm. zu Walter Hasenclever, S. 128.

24. 2. 34

1. *Österreich ist eine Tragödie*: Vgl. Anm. zu Walter Hasenclever, S. 131 f.

2. *Das Blättchen kaum noch lesbar*: Vgl. Anm. zu Heinz Pol, S. 135.

15. 4. 35

1. *Affen-Davids*: Affidavit, Bürgschaftsdokument für Einreisevisum nach Amerika.

2. James McNeill Whistler (1834–1903), amerikanischer Maler und Graphiker.

3. Hendrik de Man (1885–1953), rechtsstehender belgischer Sozialdemokrat, Theoretiker und Kritiker des Marxismus, tendierte zeitweise zum Nationalsozialismus. Professor in Frankfurt a. M. und Brüssel, 1939 Präsident der Sozialistischen Partei Belgiens, emigrierte 1945 in die Schweiz und wurde 1946 wegen Kollaboration mit der deutschen Besatzung von einem belgischen Gericht in absentia zu 20 Jahren Gefängnis und einer Geldstrafe von 10 Millionen Franken verurteilt.

28. 5. 35

1. *Tata*: Die geschiedene Frau Fritz Tucholskys.

2. *Es geht nicht*: Tucholsky lebte nicht in der Schweiz, sondern leitete nur seine gesamte Post über eine Züricher Deckadresse.

3. *Hippel*: Spitzname für Tucholskys Schwester Ellen Milo.

16. 7. 35

1. MacDonald. Vom Völkerbund eingesetzter Hochkommissar für Flüchtlinge, Sitz Genf.

19. 8. 35

1. Hellmuth von Gerlach, vgl. Anm. zu Walter Hasenclever, S. 126.

5. 12. 35

1. *Daß ich nicht dort am Bahnhof gewesen bin*: Gemeint ist Zürich.

2. *Austritt aus diesem Laden 1911*: Mit erlangter Volljährigkeit trat Kurt Tucholsky 1911 aus dem Judentum aus. (Vgl. auch Brief an Arnold Zweig vom 15. 12. 1935.)

3. *Bin bei einer neuen Sprache*: Tucholsky lernte Schwedisch.

8. 12. 35

1. *Eines im übrigen mäßigen Schriftstellers*: Richard Katz (geb. 1888), Reiseberichterstatter für die Ullstein-Blätter.

VII

An ARNOLD ZWEIG

16. 12. 27

1. *Brief eines Kritisierten an den Kritiker*: Es handelt sich um Zweigs Roman «*Der Streit um den Sergeanten Grischa*», über den Tucholsky eine ausführliche Kritik veröffentlicht hatte. (Vgl. GW II/975, «*Der Streit um den Sergeanten Grischa*».)

2. *Vom kleinen Mann*: Gemeint ist Siegfried Jacobsohn.

15. 12. 35

1. Auch dieser Brief, der später unter dem Absendeort Zürich in verfälschenden Kürzungen in der von Budzislawski redigierten «*Weltbühne*» erschien (vgl. Anm. zu Heinz Pol, S. 133), war in Hindås, Schweden, geschrieben.

2. *Verdun*: «*Erziehung vor Verdun*», Roman von Arnold Zweig (1935) und «*Bilanz der Judenheit*», Essayband von Arnold Zweig (1934).

3. *Ich füge Ihnen einen Ausschnitt aus einem londoner Brief bei*: Dieser hier nicht mitabgedruckte Brief gab die Stimmung eines Emigranten wieder, wie sie Tucholsky hier skizziert.

4. Julius Streicher (1885–1946), Gründer und Herausgeber der antisemitischen Hetzzeitung «*Der Stürmer*», führender nationalsozialistischer Politiker, wurde 1946 in Nürnberg hingerichtet.

5. Richard Beer-Hofmann (1866–1945), österreichischer neuromantischer Schriftsteller.

6. Charles Péguy, vgl. Anm. zu Walter Hasenclever, S. 129.

7. Rudolf Breitscheid, vgl. Anm. zu Heinz Pol, S. 133.

8. Arnaud Dandieu und Robert Aron, vgl. Anm. zu Walter Hasenclever, S. 129.

9. «*L'Ordre nouveau*», vgl. Anm. zu Walter Hasenclever, S. 129.

10. «*Esprit*», linkskatholische französische Monatsschrift. (Vgl. GW II/490, ‹*L'Esprit*›.)

11. *Die noch in so einem Burschen wie Thomas Mann*: Vgl. Anm. zu Walter Hasenclever, S. 129.

INHALT

KURT TUCHOLSKY

AUSGEWÄHLTE BRIEFE 1913–1935
Herausgegeben von Mary Gerold-Tucholsky und Fritz J. Raddatz
572 Seiten · Leinen in Schuber

GESAMMELTE WERKE 1907–1932
Herausgegeben von Mary Gerold-Tucholsky und Fritz J. Raddatz
3 Bände mit über 4100 Seiten. In Leinen und Schuber

AUSGEWÄHLTE WERKE I und II
Ausgewählt und zusammengestellt von Fritz J. Raddatz
Sonderausgabe «Die Bücher der Neunzehn» Band 128 · 1040 S. · Geb.

BRIEFE AN EINE KATHOLIKIN 1929–1931
Vorwort: Marierose Fuchs
90 Seiten mit 1 Kunstdruck-Tafel und 1 Faksimile · Kart.

SCHLOSS GRIPSHOLM
Eine Sommergeschichte · Illustrationen: Wilhelm M. Busch · 240 S. · Geb.

WENN DIE IGEL IN DER ABENDSTUNDE
Gedichte, Lieder und Chansons · 200 Seiten · Geb.

Als rororo-Taschenbücher erschienen:

SCHLOSS GRIPSHOLM
Eine Sommergeschichte · rororo Band 4

ZWISCHEN GESTERN UND MORGEN
Eine Auswahl · rororo Band 50

PANTER, TIGER & CO.
Eine Auswahl · rororo Band 131

RHEINSBERG
Ein Bilderbuch für Verliebte und anderes · rororo Band 261

EIN PYRENÄENBUCH
Bericht einer Reise · rororo Band 474

POLITISCHE BRIEFE
Zusammengestellt von Fritz J. Raddatz · rororo Band 1183

POLITISCHE JUSTIZ
Vorwort: Franz Josef Degenhardt. Zusammengestellt:
Martin Swarzenski · rororo Band 1336

POLITISCHE TEXTE
Herausgegeben von Fritz J. Raddatz · rororo Band 1444

LITERATURKRITIK
Herausgegeben und eingeleitet von Fritz J. Raddatz
rororo Band 1539

Gesamtauflage in den rororo-Taschenbüchern: über 2 Mill. Exemplare

ROWOHLT VERLAG

143/23

KURT TUCHOLSKY

IN
SELBSTZEUGNISSEN
UND
70 BILDDOKUMENTEN
DARGESTELLT
VON
KLAUS-PETER SCHULZ

Mit Zeittafel, Bibliographie und Namenregister
«rowohlts monographien» Band 31

«Schulz' textlich umfangreiches, mit Photos und Faksimiles versehenes Taschenbuch beschäftigt sich ausführlicher mit dem Literaten – das Wort im hohen Begriff verstanden –, dem Lyriker, Erzähler, Literaturkritiker, Feuilletonisten, Aphoristiker Tucholsky – und dem Menschen hinter dem Werk. Das Biographische kommt zu seinem Recht. Ein wohldokumentierter, materialreicher, das Wesentliche begreiflich machender Leitfaden.»

ALFRED KANTOROWICZ/
JAHRBUCH FÜR DIE GESCHICHTE MITTEL- UND OSTDEUTSCHLANDS

«Man betrachtet mit großer Freude das Büchlein, das eine wundervolle Ergänzung der neuaufgelegten Schriften Tucholskys darstellt. Da werden Leben, Werk und Zeit Tucholskys in knapper Form, aber so tiefforschend eingefangen, daß es funkelt und blitzt: von Geist, von Freude, von Empörung. Tucholsky ist heute wiederauferstanden.»

VOLKSSTIMME, ST. GALLEN